이혼할 용기

이혼할 용기

이혼해서 행복해진 심리학자와 두 변호사의
결혼생활 처방전

김민정 정단별 이정훈 지음

PROLOGUE

결혼은 과거완료형? No, 현재진행형이다!

기혼자들은 농담처럼 미혼자들을 보고 이런 말들을 합니다.
"결혼하시 마~ 연애나 많이 해! 결혼하면 좋은 시절 끝이야~"
어떤 사람들은 "결혼식은 장례식, 무덤을 파는 일!"이라는 말을 하기도 합니다. 인생의 행복은 결혼과 동시에 사라진다는 거지요.

그러면서도 왜 다들 결혼은 하는 걸까요? 제때(?) 결혼을 해야 소위 '정상인'이라고 사회에서 받아들여지기 때문인 것 같습니다. 남들 다 하는데 나만 안 하면 뒤쳐지는 것 같은 느낌, 다들 어떤 의미인지 아실 거라고 생각합니다. 혹은 함께 어울리던 친구들이 다들 시집가고 장가를 가다보니 '함께 놀아줄 사람이 없어서' 결혼을 하는 이들도 있지요. 적어도 남편과 혹은 아내와 함께 즐거운 시간을 보낼 수 있을 거라는 기대를 가지고 말이죠.

실제로 제 주변에도 그런 친구가 하나 있었어요. 제가 미국으로 1년간 해외연수를 가게 되면서 같이 놀아줄 친구가 없자 그 공허함을 메우려고 결혼을 했던 친구였지요. 물론 1년간 해외연수를 마치고 서울로 돌아왔더니, 이미 이혼을 하였습니다만….

셰익스피어는 "얻은 것은 이미 끝난 것이다. 기쁨의 본질은 그 과정에 있으므로.(Things won are done; joy's soul lies in the doing.)"라는 말을 남겼습니다. 결혼도 이 말에 포함되는 것 같습니다.

현대인들은 결혼을 정상적인 삶이라면 마땅히 영위하여야 할 일종의 목표처럼 생각하는 경향이 있습니다. 남들처럼 근사하게 프러포즈를 받고 혹은 프러포즈를 하고, 멋진 턱시도와 웨딩드레스를 입고 결혼식을 올리면 그동안 해왔던 연애와 같은 경험은 이제 끝이며, '인생에서 가장 중요한 미션을 완료했다.'라고 생각하는 사람들이 많습니다.

결혼 자체를 목적으로 여기는 사람들에게 결혼생활로 얻게 되리라 믿었던 기쁨, 행복은 일종의 신기루와 같습니다. 결혼만 하고 나면 세상만사 모든 문제가 해결될 것이라고 생각하지만 이런 결혼에서 남는 것은 대부분 불행뿐입니다. 왜냐하면 결혼도 하나의 과정이기 때문이지요.

결혼의 본질은 과거완료형이 아닙니다. 현재 진행형입니다. 목적이 아니라 과정입니다. 끊임없이 노력해야 하는 과정인 것이지요. 결혼에 대한 잘못된 기대는 결국 이혼을 불러오게 마련입니다. 현재 대한민국 부부 셋 중 하나는 이혼을 한다는 통계가 있는데, 결국 결혼에 대한 헛된 꿈 때문이 아닐까 합니다.

이혼은 쉽게 결정할 문제가 아닙니다. 물론 그렇다고 해서 "이번 생은 망했어!"라고 좌절하고 자책할 필요도 없고, 집안 망신이라고 부끄러워할 이유는 더욱 없습니다. 소위 대한민국에서 모범생으로 살아왔다고 믿어온 이 책의 세 필자 역시 적절한 시점에 맞추어 해치워야 할 일종의 인생 숙제라는 생각으로 결혼을 했다가, 이혼이라는 경험을 하고 말았거든요.

우리 세 사람 모두 애를 써서 이루었던 '인생의 숙제'를 철회하는 이혼을 결심하고, 실행하고, 결과를 얻기까지 평균 3년이라는 시간을 소모해야 했습니다. 애써 완성한 숙제를 스스로 무효화하는 것이 아닌가도 했고, 모범생으로 살아왔다고 자부하는 자랑스러운 아들이요, 딸이었건만 이혼을 함으로써 부끄러운 자식으로 추락하는 것은 아닌지 걱정도 컸습니다.

각자 이혼에 이르게 된 사연이야 다르지만 이혼을 결심하고 실제 실행하기까지 수많은 시간을 심리적 고통과 갈등 속에서 보내야 했고, 부모님을 비롯한 주변 가족들의 설득, 커리어에 대한 고민 등에 따른 스트레스로 몸과 마음에 병까지 얻으면서 힘든 과정을 겪어야 했습니다. 많은 시행착오를 겪고, 비용을 들이고, 시간을 소비하고, 무엇보다도 감정을 소모해 가며 약 3년이라는 긴 시간을 보내야 했지요. 아마도 결혼도 이혼도 처음이어서 그러했을 것입니다.

그러나 지금은 그렇게 힘들게 선택하고 결정했던 이혼이 인생을 살아오면서 수없이 내려야 했던 선택들 중에서도 가장 현명한 결정이었다고 여기게 되었습니다. 물론 행복한 결혼생활에 대한 비밀을 미리 알았더라면, 긴 시간 동안 에너지를 소비하면서 굳이 그렇게 '현명한 선택(이혼)'을 하지 않아도 괜찮았을 겁니다. 이혼 대신 나를 더 행복하게 해 준 결혼생활을 얻게 되었을지도 모르지요.

이 책은 결코 이혼하라고 부추기려는 의도로 쓰인 것이 아닙니다. 다만 행복한 결혼생활을 위해서는 헤어짐도 대비하면서 살아야 한다는 점을 강조하고자 한 것입니다.
이 사람과 평생 함께 살아야 한다는 생각을 하면 상대방의 작은 단점도 크게 느껴지기 마련입니다. 왜냐하면 평생 그 사람의 단점을 안고 가야 한다는 부담감과 한숨 섞인 현실 때문이지요. 밥을 먹고 곧바로 설거지를 하지 않는다고 관계가 깨지진 않습니다. 하지만 평생 동안 바로바로 설거지를 하지 않는 사람과 살아야 한다고 생각하면, 더 이상 사소한 설거지 문제가 아니라 이혼을 고려할 만큼 심각한 이유가 되지요. 하지만 헤어질 수도 있다고 생각하면 '오늘 설거지 좀 안 하면 어때 평생 살 것도 아닌데~'라고 개의치 않고 넘기게 될 수도 있는 것입니다. 같은 이유로 늘 직장을 그만둔다 그만둔다 하던 사람들이 오히려 그 직장에 더 오래 붙어 있고, 평생 다닐 것처럼 다짐했던 사람들이 사소한 일로 회사를 그만두기도 하는 이치와 마찬가지입니다.

결혼생활 역시도 안 맞으면 헤어질 수도 있지, 하는 마음으로 하루하루 상대방과의 작은 트러블들을 대수롭지 않게 여기며 버티다보면 역설적으로 어느새 백년해로하고 있는 자신을 발견하게 되지 않을까요?

필자들은 행복한 결혼을 꿈꾸는, 혹은 현재의 불행한 결혼생활에서 벗어나 행복의 문을 열 수 있는 열쇠를 찾기 위해 독자 여러분들이 팔아야 하는 발품과 시간을 절약하실 수 있도록 돕고 싶습니다. 이혼이라는 삶의 큰 굴곡을 직접 겪은 두 사람의 남녀 법률 전문가와 한 심리학자가 머리를 맞대 토론하고 연구하면서 끌어냈던 결혼과 이혼의 비결을 통해서 말입니다. 실패는 성공의 어머니라는 말은 진부하지만 품고 있는 의미만은 진리라고 믿습니다. 행복한 결혼생활의 비법을 이제는 조금 알 것 같거든요. 이것이 '이행사(이혼해서 행복한 사람들)' 프로젝트의 첫 단계로 이 책을 쓰게 된 동기입니다.

여러분은 이제 혼자가 아닙니다. 이혼을 염두에 두고 여기저기 도움을 구하다가 구설수에 휩싸일까봐 걱정할 필요가 없습니다. 손가락질을 받게 될까봐 두려워하지 않아도 됩니다. 행복한 결혼생활에 대한 비밀, 나아가서는 행복한 삶에 대한 고찰, 그리고 혹시나 큰 결심을 하고 행복을 찾아 이혼을 고민하게 된다면 이혼에 관한 철저한 대비와 이혼 후 독자 여러분들의 안락하고 윤

택한 삶을 위해 저희가 은밀하게 그 지름길을 안내해 드리겠습니다.

행복한 결혼생활의 비밀을 알려드리기에 앞서, 우선 여러분들이 현재의 결혼생활에 얼마나 만족하는지를 알아보아야 합니다. 막연히 사소한 사건 하나에 집착해서 '더 이상은 못 살겠어.'라고 생각하거나 또는 '이번엔 남편의 버릇을 길들이고 말 거야.'라고 가볍게 생각해서 상대에게 이혼을 '통보'했다가 만약 상대방이 덥석 받아들여 "그래, 이혼하자."하고 나오면 어떻게 해야 할까요. 바로 그런 사례를 아래에서 들고 있습니다만, 그런 신중하지 못한 이혼 통보, 엄밀히 말해 '이혼'이라는 단어를 언급하는 것은 결혼생활에서 원치 않는 파국을 가져올 수 있다는 것을 깊이 인식해야 합니다.

연구소에 다니는 K는 상사에게 최종 보고서의 승인을 받으러 갔다가 혹평과 함께 처음부터 다시 작성하라는 피드백을 받고 깊은 상처를 받게 되었습니다. 더욱이 생리로 인해 예민했던 터여서 마음이 많이 상했지요. 새벽 2시까지 보고서를 수정하고 퇴근해보니 집안은 엉망이었습니다. 남편은 저녁을 차려먹고 설거지도 하지 않은 채 맥주 캔까지 늘어놓고 텔레비전 앞 소파에 잠들어 있었습니다. 집안 정리를 대강 마치고 나니 새벽 3시, 머리 꼭대기까지 화가 치민 K는 자신의 팔자를 한탄하면서 자고 있는 남편을 깨워 소리를 질렀습니다.

"제발 우리 이혼해. 너와 사는 게 너무 불행해. 너와는 더 이상 못 살겠어."

K를 기다리다 잠이 들었던 남편은 평소에도 잠을 깨우는 것을 가장 싫어하는 사람이었습니다. 그런데 매번 자고 있을 때 깨워 화를 내는 K에게 질려 있기도 했던 터라, 너무도 쉽게 "알았다."고 대꾸했습니다. 그리고 다음날 K의 남편은 실제로 협의이혼 서류를 마련해왔고, 홧김에 이혼 이야기를 꺼냈던 K는 당황해서 도리어 "미안하다."고 사과해야 했습니다.

그러나 이 일을 계기로 둘 사이에는 신뢰가 사라지게 되었습니다. 돌이킬 수 없는 거리감이 생기게 된 그들은 결국 이혼을 하게 됩니다.

K는 사실 '이혼'이라는 단어를 언급함으로써 남편이 변하길 바랐을 겁니다. 그래서 일종의 '처벌적 단어'로 사용하였던 거지요. 하지만 남편은 이미 그녀의 그런 언행에 질려 있는 상태였고, 그 말이 남편을 변화시키는 대신 파국을 불러오게 되었던 것이지요.

K가 먼저 '이혼'이라는 말을 꺼냈고, 그로 인해 이혼을 하게 되었지만 결국 준비된 이혼을 하게 된 사람은 정작 K의 남편이었습니다. 따라서 이혼에 대한 마음의 준비가 되어 있지 않았던 K는 이혼 과정에서 수많은 갈등과 마음고생을 겪어야 했으며, 자존감이 바닥으로 추락해 오랫동안 정상적인 생활을 해나가는 데 어려

움을 겪을 수밖에 없었습니다.

위에서 소개한 사례와 같이, '이혼'은 신중히 생각해보고 결정해야 하는 문제입니다. 우선적으로 해야 하는 것은 관계회복이 급선무지요. 대화가 단절돼 회복이 더 이상 불가능하다고 생각하는 분들도 계실 겁니다. 이 책에서는 뒤에 단절된 대화를 풀어가는 법도 소개하고 있는데, 필자들 역시 모두 그런 과정을 겪어왔기 때문입니다.

우리는 이 책을 통해서 실패했던 첫 결혼을 통해 깨닫게 된, 행복한 결혼생활을 영위할 수 있는 특효약들을 처방해 드리고자 합니다. 혹시 이혼을 결심하게 되었더라도 '이혼'을 하기 전에 먼저 이혼 후의 삶에 대한 만반의 준비를 해 두어야 하는데, 그에 대한 방법들도 소개하도록 하겠습니다.

앞서서 여러분들이 결혼생활을 진단하기 위하여 다음 15개의 질문에 얼마나 해당되는지 점수를 매겨 보시기 바랍니다.

결혼만족도 테스트[1]

전혀 그렇지 않다(1점), 그렇지 않다(2점), 보통이다(3점),
동의한다(4점), 매우 동의한다(5점)

1. 나는 내가 느끼는 속마음을 배우자에게 털어 놓을 수가 없다.
2. 배우자와 대화할 때 내 말에 집중하지 않고, 무시한다는 느낌을 받는다.
3. 휴일이나 기념일에 함께 보내면 늘 싸우기 마련이다.
4. 성관계를 하지 않은 지 한 달이 넘었으며 성관계의 횟수나 질에 만족하지 않는다.
5. 자식을 낳고, 자녀교육에 대한 의견차이로 사이가 더 나빠졌다
6. 내 주변 친구/가족들은 배우자를 좋아하지 않는다.
7. 부부싸움이 앞으로도 계속되고 결코 해결되지 않을 것이라 느껴진다.
8. 배우자의 가족 때문에 정신적으로 괴롭고 힘들다.
9. 배우자는 너무 지나치게 자기네 쪽 집안일에 관여할 뿐 아니라 그들에 의해 영향을 받는 것 같다.
10. 배우자와 함께 있는 것이 무료하고 재미있지 않다.
11. 배우자가 집착하여 가끔 두렵다.
12. 배우자가 다른 이성을 만나는 것 같다는 의심이 든다.
13. 부부싸움 뒤에는 앙금이 남고 사라지지 않는다.
14. 부부문제로 인하여 정신과 상담이나 약을 복용한 적이 있다.
15. 부부간에 돈 문제로 자주 다툰다.

60점 이상 : 이혼 절차만 밟지 않았을 뿐 거의 이혼에 가까운 상태.
40~60 : 결혼생활이 행복하지 않음.
20~40점 : 보통의 결혼생활.
20점 이하 : 다시 결혼한다고 해도 이 정도 상대 만나기 어려움.

이 책은 과연 이혼을 선택하는 게 현명한 판단일지, 좀더 관계를 회복하기 위해 노력을 해야 하는지에 대한 문제와 더불어 이혼을 선택한다면 어떻게 준비해야 하는지, 이혼을 하고 난 후 행복한 삶을 꾸리기 위한 방법과 심리학적인 조언에 초점을 맞추고 있습니다. 물론 법적 절차에 대해 궁금하게 생각하는 분들을 위해 이혼 관련 법률 해설을 통해 실질적인 도움을 드리고자 합니다. 이 책이 여러분 자신, 결혼 생활, 그리고 현명한 판단과 결정에 도움이 되시기를 간절히 바랍니다.

---

1). 김윤희, 1989, '부부관계 부모-자녀 의사소통 가족기능과 청소년 자녀 비행과의 관계' 연구의 척도를 참고하여 수정, 편집, 요약하였습니다.

CONTENTS

PROLOGUE : 결혼은 과거완료형? No, 현재진행형이다!

CHAPTER. 1

무엇이 결혼 생활을 깨트리는가?

지금 무슨 소릴 하는 거야? : 벽에 대고 말하는 것 같아요 20
극복불가 권태기 : 그 사람 물건만 봐도 짜증이 난다 26
상대 부모의 지나친 개입 : 내가 당신 부모랑 결혼했니? 29
성적 불만족 : 가족끼리 이러지 말자! 34
종교 갈등: 당신이 믿는 신은 가짜야! 41
외도, 바람기 : 자꾸 그의 외도 장면이 상상돼요 46
부부갈등 테스트 : 우리 이대로 괜찮을까? 50

CHAPTER. 2

관계회복에 최선을 다해보기

툭하면 "우리 이혼해." : 충동적인 행동은 이제 그만! 54
관계 지속에 대한 대화 : 우리 부부는 도대체 왜 힘든 걸까? 57
가족의 도움 : 날 이해해 주는 언니가 있어서 다행이야! 61
전문가 상담 : 부부문제 상담을 부끄러워하지 마세요 64
떨어져 있어보기 : 안 보니 그리워 vs. 보지 않으니 살 것 같아! 69

CHAPTER. 3
나는 왜 망설이는가?

자녀 걱정 : 불행한 부모와 사는 자녀, 행복한 한 부모와 사는 자녀 74
경력단절 주부 : 불행한 결혼의 굴레에서 어떻게 벗어날 수 있나요? 80
착한 딸이, 자랑스러운 아들이 되고 싶어서 참고 살아요 84
주변의 시선이 두려워서, 편견이 무서워서 87
임신 중인데 어쩌죠? 90
이혼 적합성 테스트 : 이혼을 하고도 잘 살 수 있을까? 94

CHAPTER. 4
헤어지고 더 행복한 돌싱

행복은 저축하는 것이 아니다. 미루지 말고 지금 바로 하라! 100
이별을 위한 마음준비 104
내 행복의 근원 : 자신을 사랑하는 마음, 자존감을 높이자! 107
이혼 사실은 어떻게 알려야 할까요? 113
미성년 자녀를 위한 마음 챙김 116
보수적인 부모님은 어떻게 설득해야 하나요? 122
직장에는 어떻게 알려야 할까요? 125

CHAPTER. 5
다시 사랑해도 될까요?

이제 연애 한번 해볼까요? 132
심리테스트 : 나를 행복하게 해 줄 수 있는 사람인가? 135
돌싱의 연애 : 내 짝은 어디에서 어떻게 찾나요? 137
이혼한 사실은 새로운 이성에게 언제, 어떻게 알려야 하나요? 141
자녀가 있는데 연애해도 되나요? 145

CHAPTER. 6

똑부러지는 이혼 준비

상대의 이혼 거부 : 어떻게 설득해야 하나요? 152
경제적인 준비 : 초기 독립비용 마련, 커리어 쌓기, 자격증 따기 158
자녀가 있는 경우의 이혼 : 이혼 전 준비해야 할 것들 161
주거지 마련 : 이혼 후 어디서 살 것인가? 165
내 편을 만들어요 : 친구들과 가족들 확보하기 168
상대와 같은 직장, 업종에 종사하고 있다면 172
해외로 떠나버리는 것은 어때요? 174

CHAPTER. 7

지피지기면 백전백승

이혼 과정에서 오가는 돈의 종류 : 재산분할, 위자료, 양육비 180
배우자가 재산을 빼돌린 것 같아요. 찾을 방법이 없을까요? 184
재산분할은 어떻게 해야 하나요? 187
나를 힘들게 하는 배우자, 억울해 하지 말고 위자료를 받으세요 190
아이는 내가 키우고 싶어요 : 친권과 양육권 대응하기 193
상대방이 양육비를 주지 않으려고 해요 196
면접교섭권 : 양육권자가 아닌데 아이를 만나려면? 201
함께 키웠던 강아지나 고양이도 양육권을 정할 수 있나요? 203

CHAPTER. 8
협의이혼, 완벽하게 파헤치기

협의이혼과 소송이혼은 어떻게 다른가요? **208**
협의이혼은 누가 할 수 있나요? **211**
협의이혼의 절차가 궁금해요 **214**
계약서 공증하기 : 협의이혼에서 상대방이 말을 바꾸면? **217**
외국에 거주 중인데도 협의이혼이 가능할까요? **219**

CHAPTER. 9
소송이혼, 완벽하게 파헤치기

상대방이 합의를 안 해줘요. 소송이혼은 어떤 경우에 할 수 있나요? **224**
소송이혼의 절차를 알기 쉽게 설명해 주세요 **229**
소송이혼은 시간이 얼마나 걸리며 비용은 얼마나 드나요? **235**
이혼소송 이기는 비법 **237**
변호사 선임의 장단점 : 변호사는 꼭 필요한가요? **240**
이혼을 원치 않는데 상대방이 나를 소송했어요 **243**
바람을 피운 사람도 이혼소송을 먼저 걸 수 있나요? **247**
외국인(또는 외국에 있는 사람)과 소송이혼하고 싶어요 **250**
이혼소송이 길어져서 지쳐요. 협의이혼으로 바꿀 수는 없나요? **252**

 CHAPTER. 1

무엇이 결혼생활을 깨트리는가?

지금 무슨 소릴 하는 거야? :

벽에 대고 말하는 것 같아요

　결혼생활에 회의가 든다는 분들께 이유를 물어보면 "배우자와 말이 통하지 않는다."는 답을 하는 경우가 많습니다. 결혼생활이 원만지 않은 부부는 갈등이나 논쟁이 있을 때 대화가 벽에 부딪힌 것처럼 말이 통하지 않기 마련입니다. 사실 대화가 잘 통하거나 상대방의 입장을 이해할 수 있다면 대부분 이혼위기는 극복될 수 있겠지요.

　하지만 더 이상 대화가 통하지 않는다거나 아예 대화가 완전히 단절된 채 며칠 혹은 심지어 몇 달씩 지내고 나면, '도대체 내가 이렇게까지 하면서 이 사람과 살아야 하나!'라는 회의가 들게 마련입니다. 배우자와 대화를 하더라도 해결책을 찾거나 결론을 내리지 못하고 평행선만 그린다든지, 배우자에게 자신의 의사를 전달하지 못한 채 면벽수행을 하듯 대화가 단절된다든지 하는 관계는 함께 있는 것만으로도 에너지가 소모되기 마련입니다.

　아래에서 예를 들어보겠습니다.

대기업에 다니는 A는 박사과정을 밟고 있는 B와 결혼을 하였습니다. A와 B는 모두 선량한 품성을 지니고 있는 이들로 별다른 갈등 없이 3년 동안 연애를 하였고, 무난하게 결혼을 하게 된 커플이었습니다.

그러나 연애가 크고 작은 이벤트를 함께 하는 시간이라면 결혼이란 일상을 같이 해야 하는 관계가 되므로 사소하더라도 생각이 다른 경우가 많을 수밖에 없습니다. 활발하고 외향적인 A는 갈등이 생길 때마다 B에게 다그치듯 묻는 것으로 대화와 소통을 시도했습니다. 이와 달리 연구밖에 모르는 내성적인 B는 어떤 형태의 갈등이든 일단 회피하려고 하였습니다. 연애시절엔 무조건 B가 잘못했다고 사과하며 그럭저럭 갈등을 피해나갈 수 있었던 거지요.

그러나 결혼 후에는 갈등이 일어나는 횟수가 늘어나고 갈등을 일으키는 주제 또한 다양해지면서 B도 사과를 하기보다 문제에 대해 함께 이야기하는 그 자체를 주저하거나 피하는 것으로 대응하기 시작했습니다. A가 집안일 분담에 대해 불평하자 느닷없이 텔레비전 쇼 프로 이야기를 꺼내는, 일방적으로 화제를 바꾸어 버리는 식이었습니다.

A는 그런 B의 태도에 화를 내며 집에서 나가버렸습니다. 몇 시간이 지난 후 집으로 돌아온 A는 B와 다시 대화를 시도했습니다. 그러나 B는 아예 대답도 하지 않은 채 가만히 앉아 있었을 뿐이었어요. B는 차분하게 마음을 식히고자 하는 자신과는 달리 A가 자꾸 다그치자 더욱 마음이 닫혔던 거지요.

A의 경우에는 B가 대화에 응하지 않을수록 원래 화가 났던 문제에 더해 B의 태도에 대한 불만까지 점점 커지게 되었고, 결국 A와 B 모두 상대방과 더 이상 관계를 유지하기 어렵다는 생각을 갖게 됩니다.

같은 직장 커플인 C와 D는 직장 근처 어린이집에 아이를 맡기고 출근합니다. 어느 날 어린이집 실수로 아이가 손등에 화상을 입는 사고가 발생하였습니다. 다행히 상처는 크지 않았지만, C와 D는 서로 상대방에게 육아휴직을 내고 아이를 돌보라고 미루다가 결국 어린이집에 맡기는 바람에 아이를 다치게 했다는 죄책감에 시달리게 되었습니다. 그러면서 한편으로는 상대방이 육아휴직을 하지 않았기 때문에 이런 결과가 발생하였다면서 서로에게 불만을 토로하기 시작하였지요. 그리고 이제부터라도 육아휴직을 쓰라고 서로 상대방에게 강요하면서 정작 자신은 진급 문제와 담당하는 업무 등을 핑계로 휴직하기를 거부하였습니다.

결국 두 사람은 상대방으로 하여금 자신의 일이 상대방의 일보다 더 중요하다는 점을 인정하라고 강요하였으며, 점점 상대방에 대한 성격과 능력 등 인신공격으로까지 번지게 됩니다. 즉 대화는 서로에 대한 분노를 주고받는 것으로 변질되고, 상대는 물론 그 가족에 대해서까지 비난하기 시작했으며, 대화를 하면 할수록 갈등이 점점 더 심해지는 악순환의 늪에 빠져 더 이상 갈등을 해결할 수 있는 기미가 보이지 않는, 최악의 상황에 빠지게 게 되었던 것입니다.

법조계에서 일하는 여성인 E의 경우, 선하고 가정적이며 자상한 남편을 만나서 주변 사람들로부터 결혼을 잘했다는 평을 들었습니다. 그러나 그녀에게는 남편에 대한 한 가지 불안감이 있었는데, 이는 평소에는 매우 순한 남편이 화가 나거나 다툼이 있을 시에는 위협과 협박을 일삼는다는 것 때문이었습니다. 그 내용은 매번 달랐는데, 본인의 말을 들어주지 않으면 쉽사리 이혼 이야기를 꺼내는 것부터 시작하여, 화가 나면 "내가 죽어야 이 상황이 해결된다."며 칼을 휘두르기도 하고, 집 밖에서 다툴 때는 갑자기 차도에 뛰어드는 등 자해를 시도하는 위험한 행동을 한 것입니다.

E에게 직접적으로 해를 가하지는 않았지만 E는 남편과 갈등이 생기면 혹시 사고라도 날까봐 노심초사하게 되었고, 대화로 해결하고 싶은 간단한 문제조차 감히 말을 꺼내기 어려운 형편에 놓였습니다. 결국 E는 남편에 대한 불만과 답답함이 쌓여 정신과 상담을 받게 되었습니다.

위의 세 가지 사례들은 말이 통하지 않는 상황이 사람을 얼마나 지치고 힘들게 하는지 보여주고 있습니다. 사람들은 "그깟 대화가 안 통한다고 무슨 이혼이야." "대화가 되는 사람이 몇이나 되겠어." "대화는 친구랑 하면 되지."와 같은 말을 쉽게 합니다.

하지만 함께 하는 시간이 가장 긴 배우자와 대화가 원만하게 이루어지지 않으면 무기력이 학습될 수도 있으며, 매사에 의욕을 잃게 될 수도 있고, 나아가서는 우울증 같은 정신질환이 올 수도 있습니다.

관계회복을 위한 tips

관계회복을 위해서는 자존심을 버리고 대화를 먼저 시도하는 것이 좋습니다. 대화를 할 때에는 최대한 감정을 배제하고 객관적인 태도를 유지하며 대화를 나누는 것이 좋습니다. 늘 언쟁을 하던 장소를 피하고, 좋은 추억이 깃든 곳에 가서 맛있는 음식과 약간의 술을 함께 하며 대화를 풀어나간다면 문제의 원인을 찾는 데 도움이 될 것입니다.

여기서 주의할 점은 대화를 나눌 때 과다한 술은 금물이라는 것입니다. 감정을 격하게 만들게 될 위험이 클 뿐더러 안 좋은 기억까지 모조리 끄집어내는 촉매재가 될 수 있기 때문입니다.

 그래도 안 된다면?

대화는 서로 노력해야만 해결할 수 있는 문제이며 일방의 노력으로는 결코 해결될 수 없습니다. 또한 논쟁 상황을 회피하는 경향도 개인의 타고난 기질일 수 있고, 논쟁 상황을 직시해서 즉시 해결해야 하는 경향도 개인마다 타고난 기질일 수 있습니다.

개인의 기질은 사실 잘 변하지 않는다는 것이 현 심리학적 패러다임에서 과학적으로 입증된 사실입니다. 상대방의 대화 패턴을 전적으로 인정하고 맞춰갈 수 없다면, 맞춰가는 과정에서 너무 많은 에너지가 소모되고 더 이상 견딜 수 없다면, 그때는 이혼을 고려해보는 것도 하나의 방법입니다.

극복불가 권태기 :

그 사람 물건만 봐도 짜증이 난다

분명히 연애를 할 때는 얼굴을 마주하는 것만으로도 웃음이 나고, 곁에 있다는 사실 하나만으로도 든든하던 사이였는데, 왜 결혼한 후에는 주말에 함께 있어도 마땅히 할 일이 없어 무료하고, 오히려 한 공간에 있는 게 답답하게만 느껴지는 걸까요?

남녀가 가장 쉽게 착각하는 것 중 하나는 관계를 형성하기만 하면, 즉 결혼에 골인하기만 하면 '모두 다했다, 전부 끝났다.'라고 생각하는 것입니다. 관계는 형성하는 것보다 유지하는 것이 훨씬 더 어려운 일인데도 말이죠. 이렇게 결혼생활에서 안일함만 찾다 보면 금방 권태기가 오고, 권태기를 극복하지 못한다면 결국 무료한 동거생활만이 남을 뿐입니다.

필자는 국내 대기업에서 4년 정도 근무했던 경험이 있습니다. 당시 과장님, 차장님이라 불리던 3, 40대 아저씨들을 보면, 없던 일도 만들어 야근과 주말근무를 하고, 없던 회식도 만들어 늦게까지 술자리를 만들곤 해서 '왜 집에 안 들어갈까?' 참으로 이상

하다 생각했었지요. 그런데 필자가 결혼생활을 경험해보고 나니, 그들의 마음을 이해할 수 있을 것 같더군요. 퇴근 후 집에 가도 반겨주는 사람, 즐거운 일이 하나도 없기 때문이죠.

그렇다면 반대로 그들의 배우자들은 어떨까요? 어쩌면 남편들이 늦게 퇴근하기를 원하고 있었을지도 모르죠. 남편이 일찍 집에 오면 번거롭게 저녁식사를 차려야 하고, 혹여 사소한 말다툼이라도 생기게 되면 집안에 불편함과 긴장감만 가득하게 되니까요. 그래서 차라리 따로 노는 게, 그냥 집에서 쉬는 것조차 혼자만의 자유시간을 갖는 게 더 편하다고 생각하게 되는가 봅니다.

권태기는 함께 있는 것이 불편한 단계를 지나서 그 사람 뒷모습만 봐도 짜증이 나고, 그 사람이 쓰던 물건만 봐도 싫은 단계가 되기도 합니다. 누군가는 권태기에 대해 이렇게 이야기하기도 했습니다. 그 사람의 숨소리조차 짜증이 난다고요.

생각보다 많은 부부가 이런 단계에 머물러 있으며 해결하지 못한 상태로 지속되는 경우도 있습니다. 남들 앞에서는 괜찮은 척하지만 사실은 언제나 감정을 조절하고 있는 것이지요.

이러한 정서조절, 즉 쇼윈도 부부를 연출하는 데는 생각보다 많은 에너지가 듭니다. 따라서 어떻게 해서든 권태기를 이겨내는 것이 중요합니다. 권태기가 지속되는 결혼생활은 자기조절을 할 수 있는 일정량의 에너지를 가정에서 다 써버리게 되기 때문에 직장일이나 다른 인간관계에까지 악영향을 미치게 됩니다.

관계회복을 위한 tips

이럴 때는 부부가 함께 충분히 노력하고, 진지한 고민과 대화를 통해 즐길 수 있는 여가생활, 배려하는 공간을 형성해야 합니다. 일단 그 사람이 싫더라도, 좋아하는 활동을 함께 해보도록 노력해야 합니다. 내가 즐거운 활동을 하다보면 상대방에 대한 감정도 점점 긍정적으로 변할 수 있습니다. 또한 상대방의 장점을 하루에 3개씩 적어보는 방법도 좋습니다. 고마운 점을 적어도 됩니다. 매일 매일 적다보면 어느덧 권태기가 눈 녹듯 사라져 있지 않을까요.

 그래도 안 된다면?

아무리 노력해도 소통이 불가능할 정도로 대화가 통하지 않고 그로인한 권태기를 극복하는 것이 불가능하다고 생각된다면, 이제 스스로의 행복을 찾아야 한다는 사실을 깨달아야 할 때입니다. 함께여서 너무 불행하게 느껴지는 수준에 이르렀다면, 그때는 혼자가 됨을 망설이지 마세요.

상대 부모의 지나친 개입 :

내가 당신 부모랑 결혼했니?

결혼은 당사자 간의 문제임에도 불구하고, 배우자의 가족 때문에 결혼생활에서 고통을 겪는 경우가 흔합니다. 심지어 법에서도 정당하게 이혼소송을 할 수 있는 사유 중에 "배우자의 직계존속으로부터 심히 부당한 대우를 받았을 때"라는 조항이 명시되어 있지요. 그만큼 배우자의 가족으로부터 받는 스트레스와 고통은 이혼사유가 될 정도로 크다는 의미입니다.

사실 배우자 가족의 개입이나 행패를 막는 가장 좋은 방법은 배우자가 방패가 되어 자신의 가족들을 막아 주는 것입니다. 효와 예를 중요시하는 유교 문화 때문에, 아직도 결혼은 가족 간의 결합이라고 믿고 양가의 가족에게 잘 하려고 노력하는 사람들이 대부분입니다. 하지만 꼭 내가 잘 한다고 해서 그들도 그만큼 잘 해줄 것이라는 기대는 버려야 합니다. 무슨 대가를 바라고 잘 해 주면 실망하기 마련이기 때문입니다.

이런 상황에서 배우자가 그의 가족이 내게 끼칠 수 있는 정신적 고통을 1차적으로 잘 막아줄 수 있고, 나 역시 상대방 가족은 일단 남이라는 전제로 그들에게 다른 기대를 버리고, 마음 가는 정도로만 하겠다는 '쿨'한 입장을 견지한다면, 보통은 상대방 가족으로부터 부당한 대우를 받아서 이혼까지 할 정도의 상황은 벌어지지 않습니다.

그러나 그렇지 못할 경우, 한때 내게 부당한 대우를 일삼았던 상대방 가족을 만나는 것 그 자체만으로도 힘들 수 있습니다.

소위 엘리트 법조인 부부로 지인들 사이에서 유명한 A와 B는 사법연수원 동기로, 알콩달콩 연애를 하며 주변 사람들의 부러움을 샀습니다. 사법연수원을 졸업하자마자 각각 법조인으로 첫 걸음을 시작한 그들은 별 탈 없이 결혼을 하였고, 양가의 축복을 받는 것처럼 보였습니다.

하지만 행복하기만 할 것처럼 보였던 결혼생활은 금방 무너지고 말았습니다. 여유롭고 화목한 가정에서 자란 외동딸인 A와 달리, B는 어려운 가정의 홀어머니 밑에서 자란 장남으로, 힘겹게 명문대를 졸업하고 사법시험에 합격하여 판사가 되었던 터였습니다. 결혼 과정에서 이러한 집안 격차가 약간의 망설임은 되었지만 양가에서는 같은 법조인끼리의 혼사였기에 흔쾌히 찬성을 하였고, 큰 문제도 없었습니다.

하지만 결혼을 하고 소위 속된 말로 '개천의 용'인 B의 어머니의 행패와 형제들의 요구로 A는 스트레스를 받기 시작하였습니다. B의 어머니가 불쑥불쑥 아들집에 찾아오는 것은 물론 성공한 아들을 데려간 며느리를 질투하기 시작하였고, 부부관계에까지 개입하며 질투 섞인 발언들을 하기 시작하였던 것입니다. 또한 큰 아들 하나를 공부시키려고 집안의 기둥을 다 뽑아서 투자했던 터라, B의 다른 형제들까지도 B의 금전적 도움을 당연하게 여기며, 돈을 요구하기 시작하였습니다.

A와 B 사이에서 자녀가 태어나면서 갈등은 더 심해졌습니다. A와 B가 직장생활을 하였기에 B의 홀어머니가 그들의 자녀를 돌보아 주었는데, 자주 마주치게 되면서 갈등이 더욱 커진 것입니다. 잘난 아들을 빼앗아간 며느리를 과도하게 질투한 시어머니가 A의 험담을 했고, 아이가 할머니의 험담을 엄마에게 털어놓은 것이지요.

충격을 받은 A는 남편과 시어머니의 문제를 상의하였습니다. B는 A를 잃고 싶지 않아, 어머니가 집으로 찾아오지 않도록 하겠다고 약속을 하였지요. 하지만 홀이머니의 끝없는 개입과 접촉을 막기에는 B의 의지로도 역부족이었습니다.

결국 A는 B의 어머니 생각만 해도 가슴이 뛰고 불안해지는 등의 증상에 시달렸으며, 이혼을 심각하게 고려하게 되어 상담을 의뢰하게 됩니다.

배우자의 가족은 핏줄로 연결된 가족이 아니라 새로 만난 가족, 즉 사실상 남입니다. 따라서 지속적으로 상대방 가족들의 개입으로 피곤해지거나 혹은 인신공격, 따돌림 등으로 마음에 깊은 상처가 생겼을 경우에는 우울증에 걸릴 수도 있고, 악몽에 시달릴 수도 있습니다. 그저 상대방 가족을 생각하거나 혹은 피치 못하게 명절에 만나야 하는 경우, 며칠 전부터 복통과 두통이 지속되기도 합니다.

　이런 일이 일어나지 않기 위해서는 상대 배우자를 위해 각자의 가족은 각자가 단속하는 것이 좋습니다. 즉 처가와 남편이 잘 지내려면 아내의 중간 역할이 중요하며, 시가와 아내가 잘 지내려면 남편의 중간 역할이 중요합니다. 이는 모두가 알고 있는 진리이지만 사실상 그렇게 중간 역할을 잘 해내는 배우자는 흔치 않습니다. 모두 결혼을 처음 해보았기 때문입니다.

관계회복을 위한 tips

배우자에게 배우자 가족을 욕하며 불만을 토로하는 것은 배우자의 짜증만 가중시킬 뿐 문제해결에는 전혀 도움이 되지 않습니다. 문제해결은 당사자와 직접 해야 합니다. 웬만하면 배우자가 보지 않는 곳에서 하는 것이 더 효과적입니다. 배우자의 가족과 트러블이 생겼을 경우에는 직접적으로 상대방의 가족에게 불만을 이야기하는 것이 좋습니다. 다소 무례해 보일지라도, 직접 이야기하지 않으면 어떤 점이 서운했는지, 어떤 문제가 있는지 알기 어렵기 때문입니다.

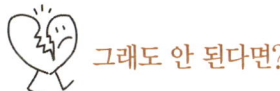 **그래도 안 된다면?**

이미 상대방 가족으로부터 받은 상처가 크고, 그들이 한 행위와 무관하게 내가 그들과 관계를 지속하는 것이 정신적으로 너무 힘들다면, 이혼을 고려할 필요도 있습니다. 상대방이 이혼을 협의해 주지 않을 경우에도, 직계가족의 부당한 대우가 심각한 수준이라면 이혼소송을 진행해볼 수 있습니다.

성적 불만족 :

가족끼리 이러지 말자!

　이혼을 하는 이유는 여러 가지가 있을 수 있지만, 설문조사 결과에 의하면 '성격차이'가 가장 많다고 합니다. 그런데 우스갯소리로 그 성격차이가 '성 격차'라는 말이 있을 정도로 성적인 핏fit은 결혼생활에서 중요한 부분을 차지합니다.
　이런 성적불만족에도 남녀 간 차이가 있는데, 일반적으로 남성의 경우 양적인 부분에서 불만족을 느끼는 경향이 강하며 여성의 경우 질적인 부분에서 불만족을 느끼는 경향이 강합니다.
　옛날 남성중심사회에서 여성의 혼전 순결을 중요하게 여긴 것은 부부생활 중에서 성적불만족이 큰 위기로 작용할 수 있다는 것을 알고 있었기 때문이지요. 즉 여성이 한번 성적으로 잘 맞는 상대를 경험한 적이 있으면, 성관계의 질이 떨어지는 남성과의 성적인 관계를 기피하게 되는 원인이 될 수도 있기 때문입니다. 따라서 혼전부터 연인과 사이에 성적인 관계를 미리 잘 맞춰나가는 노력을 하고, 결과적으로 성적으로 잘 맞는 배우자를 맞이하는 것이 장기적인 결혼생활의 행복에 있어서 중요합니다.

어른들 말씀 중에 부부는 싸워도 한 침대에서 자야 한다는 말이 있습니다. 그 말인즉 부부가 어떤 면에서 갈등이 생겼다고 하더라도 잠자리에 함께 들어 살을 부비며 성적 만족을 느끼는 부부들은 금방 화해하게 되기 때문이라는 거지요.

하지만 혼전에 충분히 성적인 관계에 대해 고려하지 못하고 결혼하는 경우가 있을 수 있습니다. 보수적인 집안에서 자랐다든지, 혹은 종교적인 이유로 혼전순결을 지켜왔다든지, 혹은 데이트를 했던 기간이 짧아서 혼전에 관계를 가질 기회를 가지지 못하였든지, 아니면 다른 조건이 너무나 훌륭해서 성적인 관계에 대한 고려는 무시하고 결혼을 결심한 경우입니다.

결혼이라는 것은 남녀 성적인 관계에 있어서의 배타성(exclusive)이 핵심이 됩니다. 따라서 결혼을 하게 되면 배우자와 성적으로 만족하지 못한다고 하더라도 다른 이성과 성적인 관계를 맺을 수 없습니다. 물론 법적으로 제재를 가하지 않는 부분이고(현재는 간통죄가 폐지되어 형사처벌은 받지 아니합니다.) 부부간의 합의가 있다면 사실 불가능한 일도 아니지만 일반적이고 상식적인 관점에서 결혼을 한 이상 다른 이성과 성관계를 가지는 것은 상대를 기만하고 배신하는 행위로 간주됩니다.

따라서 결국 성관계란 한번 선택한 배우자와만 가질 수 있는 은밀하고도 특별한 관계인 것입니다. 이러한 특별하고 독점적인 관계에 불만족이 생기면 다른 부분에 불만족이 전이되기도 합니다. 성적인 동기는 식욕, 수면욕과 더불어 본능적인 부분이기 때문에, 성적 욕구가 충족되지 않으면 전반적인 삶에 있어서 의욕이 떨어지고 불만족이 생기며 주관적인 안녕감이 하락하기 때문입니다.

결국 이는 배우자의 다른 부분까지도 불만스럽게 보이도록 하는 효과가 있습니다. 심리학적 용어로는 이를 부정적 후광효과(halo effect)라고 합니다.

성적 불만족이라는 문제가 발생했을 때 가장 좋은 방법은 솔직한 대화를 통해 해결하는 것입니다. 부부간의 성은 상호적인 것이기에, 성행위를 함에 있어서 서로의 만족점을 찾기 위한 부단한 노력이 필요합니다. 아직은 성적인 문제의 노출을 부끄럽게 생각하는 유교문화가 남아 있는데다가, 성적으로 상대에게 적극적인 요구를 하면 소위 말해서 '막 놀았다'는 이미지를 가지도록 할까 두려워 불만족이 있어도 표현을 하지 못하는 경우가 많습니다.

하지만 성관계는 부부간에만 가능한 행위이기에 더욱 솔직해져야 합니다. 혹시나 기술이나 횟수의 문제가 아니라 신체적인 결함 등에 문제가 있을 경우엔, 자존심을 내세우지 말고 전문가를 찾아갈 필요가 있습니다. 현대의 의술로 웬만한 성적인 문제는 치료가 가능하기 때문에 주저하지 않고 전문가나 상담사를 찾아가시는 것을 추천합니다. 이것만으로도 대부분의 성적불만족 문제는 해결될 수 있으며 신혼부부와 같은 달콤함을 찾아주기도 합니다.

이렇게 서로가 노력만 한다면 상당수준 해결될 수 있는 성적인 문제, 그럼 어떠한 성적인 문제가 이혼까지 야기하는 것일까요? 상대가 성적으로 원하는 것에 대하여 노력할 의지가 없는 경우, 병원에 가자고 하면 자존심만 세우다가 성관계를 거부하는 경우, 성관계에 대한 진솔한 대화를 시도하는 상대의 과거를 의심하고 비하하는 경우입니다.

여성인 A는 24살이라는 비교적 이른 나이에 결혼을 하였습니다. 상대 배우자는 연애시절 동안 A에게 한 번도 잠자리를 요구하지 않았고, A는 그것이 자신을 아껴주는, 진정으로 사랑하기 때문이라 착각하고 결혼을 결심합니다.
그런데 문제는 상대가 결혼을 하고도 A를 여전히 '성적'으로 아껴주었다는 것입니다. 첫날밤 같은 것도 없었습니다. 결혼생활을 지속하면서도 성관계가 전혀 없자, A는 성적불만이 쌓여가기 시작하였습니다. 상대에게 성관계에 대한 요구를 해보았지만, 그럴 때마다 상대는 A에 대한 인신공격을 하거나 과거를 의심하는 듯한 태도만 불러일으켰을 뿐이었지요.
A는 배우자 이외의 사람과 성욕을 해결할만한 용기를 지니지 못하였기에, 성적불만족 및 욕구불만이 절정에 이르게 됩니다. 이는 히스테리가 되고, 결국 아주 사소한 일에도 배우자를 공격하고 비난하게 되었습니다. A의 배우자 역시 당시 20대 후반의 어린 나이였기에, 성적인 문제를 부끄럽게 여겼고 A와 털어놓고 대화할 생각을 하지 않았습니다. 이는 결국 이혼을 하게 되는 불

씨가 되었으며, 직접적인 이혼사유라고 할 수는 없지만 이혼을 불러일으킨 여러 갈등의 최초 원인이 된 것은 사실이었습니다.

남성인 B는 아내가 성관계를 하면서 심하게 통증을 호소하자, 아내와의 성관계에 두려움을 갖게 되었습니다. 결국 B는 자신과의 성관계에 만족하는, 그리고 자신의 요구에 적극적으로 응해 주는 다른 여자를 찾아 나섰고, 아내와의 성관계를 단절해 버렸습니다.

남성인 C의 경우에는 아내와 싸울 때마다 아내가 보복성으로 성관계에 응해 주지 않아 성관계 횟수에 불만을 느끼고 있었습니다. 아내와 대화를 시도해보았지만 "그러려면 나한테 먼저 잘 해라."라는 대답만 들려오기 마련입니다.

여성인 D는 남편의 조루가 너무 불만족스러워 고쳐지지 않으면 섹스토이를 이용해서라도 자신을 만족시켜달라고 부탁하고 장난감을 구매하였습니다. 이에 남편은 섹스토이를 경쟁자처럼 여기며, 아내가 섹스토이와 바람을 피웠다는 관념을 가지게 되고, 아내의 과거를 의심하며, 아내와의 성생활을 아예 하지 않기로 결심합니다. 성적 불만족의 문제를 해결하고자 솔직히 이야기했던 D는 오히려 남편과의 성생활이 단절되어 버렸습니다.

성관계는 부부 고유의 영역입니다. 성관계를 가지고 협박이나 무기로 사용해서는 안 되고, 이를 비난하여서도 안 됩니다. 싸울 때 싸우고, 트러블이 생기더라도 성관계라는 영역은 별도로 지켜져야 행복한 결혼생활을 할 수 있습니다.

위의 여러 사례와 같이 성적 불만족은 부부가 서로 노력만 한다면 상당부분 해결할 수 있는 문제입니다. 다만 한 사람만 노력해서는 결코 해결될 수 없는 문제이며, 둘 사이에 다른 이성과의 성관계를 허용하는 조약을 가지지 않는 한, 결혼생활을 파경으로 이끌 수 있습니다.

성적욕구 불만족은 결혼생활 전체를 불행하게 만들 수도 있으며, 배우자에 대한 불만족으로 이어져, 매사에 배우자를 비난하게 될 수도 있으므로 진지하게 대화를 나누고 해결책을 찾아야 할 것입니다.

관계회복을 위한 tips

부부가 된 이상, 성에 관한 대화를 부끄럽다고 생각하면 안 됩니다. 더욱 드러내서 솔직하게 이야기를 나누어야 합니다. 이야기를 할 때 부정적인 언어는 피하고 긍정적인 언어를 사용하여 본인이 어떻게 하면 만족하는지 설명하도록 권합니다. 즉 "이러이러 하는 것은 싫어~"라기보다는 "이렇게 해 주는 것이 참 좋다~"라고 말입니다. 또한 전문가를 찾아가서 부부 성문제에 대한 조언을 얻는 방법도 있습니다.

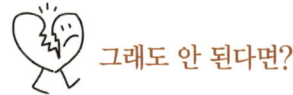 **그래도 안 된다면?**

성적으로 불만족스럽고 해결될 기미가 보이지 않는다면, 이혼을 고려하는 것은 남은 삶을 생각했을 때 현명한 선택이라고 말씀드립니다. 노력은 충분히 하시되, 정 안 되겠다고 생각되시면 여성으로서 여성답게, 남성으로서 남성답게 인정받는 삶을 선택하시길 권합니다.

종교 갈등 :

당신이 믿는 신은 가짜야!

　이성과 데이트를 하거나 사귀는 경우에 상대의 종교를 고려하는 경우는 많지 않습니다. 하지만 결혼을 염두에 두게 되면 여러 가지 조건 중에서도 간과할 수 없는 부분이 바로 신앙입니다. 만일 모태신앙이거나 본인 또는 부모님의 신앙이 깊다면 신앙이 다른 배우자를 만나는 것은 결혼생활의 커다란 도선이 되기 때문입니다.
　특히 유일신을 숭배하는 독실한 기독교 집안과 조상을 섬기는 제사를 지내는 집안이 만나면 명절마다 싸움으로 번지기 쉽습니다. 부부 사이에 자녀가 태어나게 되면 종교적 갈등은 더욱 심해집니다. 자녀에게 어떤 종교를 갖도록 할 것이냐에 따라서 부부뿐 아니라 양가 사이에 싸움이 일어나게 되기도 합니다.

　필자와 상담을 했던 A는 독실한 기독교 집안의 외동딸이었습니다. 태어나면서부터 기독교인으로 자란 것이지요. 그녀는 어려서부터 교회에 가는 것이 일상과도 같았고, 교회 생활과 그곳에서 만난 사람들이 삶의 대부분을 차지하고 있었습니다.

반면 A가 대학교 시절 만난 남자친구 B는 어머니가 독실한 불교신자로 제사를 지내는 집안에서 자라왔습니다. B의 인생은 어머니가 절에서 받아온 점괘에 따라 결정되었으며, 스님의 말씀이 인생의 길잡이였습니다.

9년의 연애기간 동안 혼담이 오가면서 양가 사이에 갈등이 시작되었습니다. B 집안에서는 교회에 열심히 다니는 A를 받아들일 수 없다고 반대하면서, "A가 교회를 그만 다니겠다고 약속해야만 결혼을 허락하겠다."고 엄포를 놓았고, 반면 A의 집안에서는 "B가 매주 교회에 나가는 노력을 보여야만 결혼을 허락하겠다."고 하였습니다.

A와 B는 헤어졌다 다시 만나기를 반복한 끝에 점점 결혼을 미룰 수 없는 나이가 되어서야 양가 부모님은 반쯤 포기한 채 결혼을 허락하였습니다.

그러나 A와 B 모두 속마음을 숨기고 살아야만 했습니다. B는 처가에 교회에 다니는 척하는 모습을 보여주었고 A는 시가 식구들에게만 교회를 더 이상 다니지 않는 척하면서 제사를 도왔지요.

잘 살고 있는 것처럼 보였지만 자녀가 생기면서 갈등이 재발했습니다. A는 아이가 기독교 신앙을 갖도록 하고 싶은 마음에 시가에서 모르게 교회에 데리고 다녔는데, 3대 독자인 손자가 교회에 나간다는 사실을 우연히 알게 된 B의 집에서 한바탕 난리가 일어났던 것입니다. 세 살배기 손자가 할머니에게 교회에 다닌다는 말을 하게 된 것이지요. B의 집안에서는 자신들이 손자를 키우겠다며 차라리 이혼하라고 A에게 요구했습니다. 장차 집안 제사를 맡을 아이였기 때문입니다.

결국 A는 혼자 아이를 양육하며 마음 편하게 함께 교회에 다니고 싶다면서 상담실로 찾아옵니다. 아무래도 자녀가 어릴수록 양육권이 엄마에게 인정될 가능성이 높기 때문에, 이왕 이혼을 할 거라면 아이가 어릴 때 하고 싶다는 것이었습니다.

심지어 종교가 같더라도 종교로 인한 갈등이 생길 수 있습니다.
C는 배우자와 같은 기독교를 믿고 있었지만 결혼생활 동안 종교로 인한 갈등을 겪은 경우입니다. 즉 C의 배우자는 자신의 잘못으로 갈등이 일어나면 상처를 받은 C에게 사과를 하는 것이 아니라 하나님에게 용서를 구하고 용서를 받았다고 생각한다는 것입니다. 두 사람은 같은 종교를 믿고 있음에도 불구하고, 신념의 정도나 그 방법이 달랐던 것이지요.

C는 잘못을 하였으면 우선 당사자에게 사과하고 용서를 구해야 하는 것이 순리라고 생각했습니다. 하지만 배우자는 신에게 용서를 구했으면 된 것이지 상대방에게 직접 사과할 필요는 없다고 믿었던 것입니다.

C는 진심 어린 사과를 하지 않는 배우자에 실망하였고, 두 사람의 갈등은 점점 더 커져갔습니다. 결국 같은 종교라 하더라도 믿음의 크기에 의해 이혼의 원인이 될 수 있음을 보여주는 사례라고 할 수 있습니다.

관계회복을 위한 tips

위의 예와 같이 종교가 다른 경우에는 결혼 전에 종교문제를 미리 상의하는 것이 좋습니다. 결혼을 결심할 당시에는 단지 두 사람뿐 아니라 집안 사이에서도 의견 교환이 필요하고, 장차 태어날 자녀의 종교문제에 관해서도 이야기해보는 것이 좋습니다. 물론 자녀가 스스로 선택할 문제겠지만, 아무래도 성장과정에서 많이 노출된 종교를 선택할 확률이 크기 때문에 부모는 자녀가 서로 자신의 종교에 더 많이 노출이 되길 원합니다.

신앙은 한 개인의 신념과도 같습니다. 특히나 신을 절대적인 존재로 굳게 믿는 신념은 꺾이지 않습니다. 신앙이 없는 입장에서는 보이지도 않는 신을 믿는다는 것이 이해하기 어렵지만, 신앙에 대한 신념은 때로 자신의 목숨마저 내놓을 정도로 강하기도 합니다. 따라서 종교적인 신념을 꺾는 것은 불가능에 가깝습니다.

종교적 갈등을 해결할 수 있는 거의 유일한 방법은 어느 한 쪽이 상대방의 종교를 존중해 주는 방법밖에 없습니다. "왜 나만 너의 종교를 존중하여야 하고, 내 종교는 존중해 주지 않느냐?"라고 하면 사실상 해결이 어렵습니다.

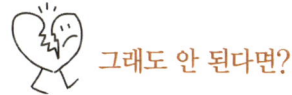 ## 그래도 안 된다면?

우선 서로의 종교를 존중해 줄 수 있을지 대화를 나누고 사소한 룰이라도 만들어 실천해봅니다. (예를 들어 월 1회 교회에 함께 나가보기) 그렇게 해보아도 간격이 좁혀지지 않거나 본인에게 종교가 너무나도 큰 부분을 차지하고 있는 경우, 상대의 지나친 종교생활로 정상적인 가정을 유지하는 것이 도저히 불가능하다고 생각된다면 그때는 이혼도 생각해볼 문제입니다. 부부 양측이 지속적으로 상대방의 종교적 신념을 꺾으려고만 할 뿐 서로 다른 점을 인정하지 않는다면 결혼생활은 불행할 수밖에 없습니다. '살다보면 종교적 신념도 바뀌겠지.'라는 생각은 오산입니다. 신념은 쉽게 바뀔 수 없기 때문이지요.

상대방의 종교를 인정할 수 없고 그렇다고 내 신념을 바꾸기도 어렵다면 행복하게 지내기는 어렵습니다. 특히나 자녀가 있을 경우 자녀에게 혼란을 가중시켜 정서적 불안을 불러올 수 있습니다. 서로의 종교를 인정하지 않으리라는 점이 명백하다면, 즉 상대가 변하기만을 바라면서 평행선을 긋고 있다면 이혼을 고려해보는 것이 더 나을 수도 있습니다.

외도, 바람기 :

자꾸 그의 외도 장면이 상상돼요

이 책을 읽고 계신 분들 중에도 아마 배우자의 외도, 소위 바람기 때문에 결혼생활이 힘들고 이혼까지 고민하는 분들이 있지 않을까 생각됩니다. 평생 한 사람만을 사랑하겠노라고 선언하며 결혼을 했지만, 안타깝게도 현실에서는 새로운 이성에게 호감을 느끼고, 더 나아가 육체적, 정신적으로 깊은 관계로까지 발전하는 경우가 참 많습니다.

과연 배우자의 외도는 어느 수준까지 용인할 수 있는 것일까요?

일단 법적으로는 배우자의 외도를 '부정행위'라고 칭합니다. 부정행위는 반드시 성관계일 필요는 없고, 이보다 넓은 의미로서 다른 이성과 부적절한 애정을 형성하는 등 정조의무를 위반한 경우를 포함합니다. 배우자의 부정행위는 소송이혼사유가 되고 이를 근거로 배우자와 부정행위 상대방에게 위자료도 청구할 수 있습니다.

그렇다면 이런 경우는 어떨까요?

외국계 은행에 다니며 고액연봉을 받는, 소위 잘나가는 남편을 둔 A는 남편이 넉넉하게 챙겨주는 생활비로 안락한 삶을 유지하며 열심히 살림을 해왔습니다. 남편의 직업이 워낙 스트레스가 많은 일이었기에 A는 남편이 스트레스 해소를 위해 회사 동료들과 어울리는 것에는 전혀 개의치 않았습니다.

그러던 A는 어느 날 남편이 가깝게 지내는 동료 중 B라는 여성이 있고, 남편과 B가 자주 둘이서만 식사를 하거나 술을 마시는 사이라는 사실을 알게 되었습니다. B는 남편에게 회사생활의 고충을 토로하고 의지할 수 있는 소위 오피스 와이프였던 것이지요.

남편은 집에서 살림만 하는 A와는 대화가 잘 통하지 않는다고 생각했고, 같은 회사를 다니며 공감대를 잘 형성할 수 있는 B와 더 많은 시간을 보내게 된 것이었습니다. A로서는 아내인 자신보다 B에게 더 많이 의지하는 남편에게 서운한 감정이 커졌지만, 남편은 B와 거리를 둘 생각이 전혀 없었고 오히려 A를 의처증 환자처럼 몰아갈 뿐이었습니다.

그렇다면 A는 과연 이런 이유로 이혼을 해야 할까요? 아니면 남편을 믿고 참고 살아야 하는 것일까요? 과연 내가 A라면 남편과 계속해서 정상적인 결혼생활을 유지할 수 있을까요?

B의 남편은 학창시절 공부만 해온 모범생으로, 연애 한번 제대로 해본 적이 없고 여자라고는 잘 알지 못하는 숙맥이었습니다. 적어도 B가 결혼을 할 때까지는 그랬지요. 그렇지만 결혼 후 잘

나가는 전문직 종사자로 소위 사회 물을 먹어가면서 변하기 시작했습니다.

그러던 중 B는 우연한 기회에 남편이 오피스텔 성매매를 했다는 사실을 알게 되었습니다. 당시 B의 남편은 이렇게 변명했습니다.

"선배들이 술자리에서 하는 이야기를 듣고 호기심에 처음 가본 것이었고, 직업여성에게 돈은 지급했지만 성매매는 하지 않고 대화만 하고 돌아왔다."

실제 그의 말이 사실이라고 하더라도 과연 남편의 이런 뒤늦은 변명을 어떤 아내가 믿어줄 수 있었을까요.

당시 B는 선택을 해야만 했습니다. B의 남편이 특정 여성과 일정기간 깊은 관계를 유지해온 것은 아니니까 단순한 실수였다고 생각하고 한 번은 눈을 감아줄 것인지, 아니면 깨어진 신뢰는 되돌릴 수 없음을 직시하고 이별을 선택할 것인지 말입니다.

결혼한 지 1년밖에 되지 않았고 아직 어렸던 B는 결국 남편을 한 번 더 믿어보기로 했습니다. 하지만 B는 시간이 지나면서 자신이 정조관념에 대한 신뢰를 매우 중요하게 생각하는 사람이라는 것을 깨달았고, 이렇게 한 번 깨어진 신뢰를 회복하는 것은 불가능하다는 사실을 뒤늦게 직시하게 되었습니다.

B는 끝내 이혼하였습니다. 자신도 잘 알지 못하고 있었지만, B는 매우 엄격한 정조관념을 가지고 있는 성향이었고 상대도 그러하기를 기대했기 때문에 배우자의 부정행위를 극복할 수 없었던 것이지요.

관계회복의 tips

과연 우리는 배우자의 외도나 바람기를 어느 정도까지 용인해 주어야 하는 걸까요? 물론 정답은 없습니다. 이는 개인의 성격, 가치관에 따른 지극히 주관적인 선택의 문제입니다. 사건이 발생했다면 내가 어떤 성격의 사람인지, 배우자의 정조관념에 대한 신뢰가 어디까지인지, 배우자의 바람기를 모른척하고 결혼생활에서 얻을 수 있는 다른 면(예를 들면, 경제적인 부양 등)에서 이를 상쇄할 수 있는지 등을 현실적인 관점에서 진지하게 고민해볼 필요가 있습니다. 절대로 상대의 바람기에 섣부르게 감정적으로 대응하여서는 안 됩니다.

 그래도 안 된다면?

배우자의 외도나 바람기를 감당할 수가 없고, 상처를 더 이상 극복할 수 없다면, 그래서 고통스러운 나날이 계속된다면, 헤어지는 것이 나을 수 있습니다. 인생에는 아직 많은 날이 남아 있으니까요. 그리고 이혼에 대한 확고한 결심이 섰다면, 이제는 이혼 과정에서 유리한 위치에 서기 위해 상대방의 부정행위에 대하여 조용히 증거를 수집할 때입니다.

부부갈등 테스트 :

우리 이대로 괜찮을까?

부부갈등은 어떤 결혼생활에서도 피해갈 수 없습니다. 연애기간 동안 아무리 좋았던 사이라 할지라도, 결혼을 하고 서로의 생활 환경이 겹쳐지게 되면서, 다양한 갈등이 생겨나기 마련입니다. 전혀 다른 환경, 문화 속에서 성장한 사람들의 결합이 결혼이기 때문입니다. 따라서 부부관계 역시 인간관계의 일종이기에 사람 사이에 흔히 있는 일반적인 갈등이 일어나기도 하고, 부부라는 특수한 관계 속에서 발생하는 특별한 갈등이 일어나기도 합니다.

아래의 부부갈등 테스트[1] 10개 문항에 응답해 보시고, 현재 부부갈등 상태가 어느 정도인지, 다음 10개의 문장에 얼마나 해당되는지 점수를 매겨 보시기 바랍니다.

---

[1] Journal of Consulting and Clinical Psychology 61(1)에 실린 Heavey, Layne, & Christensen, 1993, 'Gender and conflict structure marital interaction: A replication and extension.' 연구의 척도를 참고하여 수정/편집/요약하였습니다.

부부갈등 테스트

전혀 그렇지 않다 (1), 그렇지 않다 (2), 보통이다 (3),
동의한다 (4), 매우 동의한다 (5)

1. 서로의 잘못에 대해서 불만을 표현하고 비난한다.
2. 문제가 생기면 서로 상대방의 탓으로 돌린다.
3. 배우자에게 행동을 바꾸도록 일방적으로 요구한다.
4. 배우자의 이야기에 대하여 아무런 반응도 보이지 않는다.
5. 배우자가 대화를 시도하면 구체적인 내용 없이 무조건 자기 잘못이라 말하고 상황을 회피한다.
6. 논의 주제를 떠나 배우자의 과거 행동이나 성격에 대하여 단정적으로 비난한다.
7. 논쟁이 벌어지면 배우자를 위협한다.
8. 배우자에게 일방적으로 명령한다.
9. 논쟁에서 일방적으로 대화를 중단하고 집을 나가 연락을 끊는다.
10. 갈등이 생겼을 때 당사자를 넘어서 가족을 비난하기 시작한다.

40점 이상 : 갈등의 골이 깊음, 둘 사이에 해결이 어려운 정도. 전문가의 개입이 필요하다.
30~40점 : 심한 갈등상황. 서로의 태도를 인정하고 대화를 시도하는 적극적인 노력이 필요하다.
20~30점 : 보통 수준의 갈등. 갈등이 심해지기 전에 해결이 필요하다.
20점 이하 : 약한 수준의 갈등. 일반적인 부부들의 양상.

 CHAPTER. 2

관계회복에 최선을 다해보기

툭하면 "우리 이혼해.":

충동적인 행동은 이제 그만!

　이 책을 접하게 된 이 순간까지 결혼생활을 지속할 것인지 말 것인지에 대해 수없이 많은 고민을 해보았을 것입니다. 하지만 어떤 결정을 내리기 전에 한 번 더 냉철하게 생각해보아야 합니다. 충동적인 감정은 가급적 배제하고, 현실적인 관점에서 생각해보고 준비해야 합니다.

　필자의 지인들 중에서도 이혼한 이들에게 모두 공통적인 반응이 있습니다.

　"이혼이 결혼보다 10배는 더 어렵다!"

　결혼을 준비하면서 예식, 혼수, 집, 경제력 등 모든 문제를 해결하면서 겪어야 했던 예비 배우자 및 그 가족과의 갈등이 생각나지 않나요? 이혼 과정에서는 그보다 10배는 더 머리 아프고 해결되지 않는 일들이 도사리고 있다고 생각하시면 됩니다.

　처음부터 하나씩 고민해보아야 합니다. 과연 배우자와 나의 관계는 극복하기 어려운 상태인지, 나 자신은 결혼생활에 얼마나 충실했는지에 대한 반성, 대화나 소통 등 결혼생활을 유지하기 위해 노력을 했는지 여부, 전문가나 주변인을 통한 조언과 도움, 협의이혼 또는 재판상 이혼이 가능한 상황인지에 대한 정확한 판단, 이혼 과정에서 재산분할이나 위자료와 같은 금전적인 정산에 대한 예측, 자녀 양육에 관한 문제, 이혼하고 독립한 뒤의 경제적인 문제 등 이혼 과정에서는 이 책에서 언급한 것들 이외에도 수많은 이슈가 발생합니다.

부디 침착하게 객관적으로 상황을 바라봐야 합니다. 그리고 무엇보다도 과연 이혼만이 불행한 결혼생활을 끝낼 수 있는 유일한 해결책인지 진지한 고민을 반드시 해보시기 바랍니다.

이혼은 그저 힘든 결혼생활에 지쳐 충동적으로 내리는 결단이어서는 안 됩니다. 이혼으로 남은 인생이 더 힘들어질 수도 있다는 점을 간과하지 말고, 현명하게 고려하고 판단해야 합니다.

관계회복을 위한 tips

배우자와 함께 하면서 좋았던 점들을 차례로 적어보시기 바랍니다. 처음 만났을 때, 결혼을 결심했을 때, 신혼생활 때의 마음가짐을 돌이켜 생각해봅니다. 단지 충동적인 감정으로 인해 결혼생활을 힘들어 하는 것은 아닌지에 대해 곰곰이 생각해봅니다.

지금의 배우자만이 가진 장점에 대하여 생각해봅니다. 과거의 이성친구와 비교해봤을 때 특히, 어떤 점이 좋은지 생각해봐도 좋습니다.

이혼에 관련된 말은 절대, 정말로 확신이 서지 않았을 때는 결코 꺼내지 않도록 합니다. 막상 본인은 준비되지 않은 상태에서 '이혼'이라는 말을 꺼낼 경우 오히려 상대에게 이혼을 생각해볼 수 있는 계기를 줄 수 있고, 더 불행한 결혼생활 혹은 원치 않는 이혼으로 귀결될 수 있다는 점을 명심해야 합니다.

 **그래도 안 된다면?**

냉철하게 생각을 해봐도 함께하는 것이 본인에게 해롭다고 생각하신다면, 그때는 이혼을 적극적으로 고려하고 그로 인해 생기게 될 문제점들에 대해 생각해봐야 합니다. 이혼도 철저히 준비해야 해피엔딩으로 결혼생활을 종결지을 수 있기 때문입니다.

관계지속에 대한 대화 :
우리 부부는 도대체 왜 힘든 걸까?

어떤 이유로든 이혼까지 고민할 정도로 최악의 지경에 이르렀음에도 불구하고, 어쩌면 상대방은 나의 고민을 전혀 눈치 채지 못하고 있을 수도 있습니다. 나는 나름대로 상대에게 힘들다고 수 없이 표현해 왔는데, 상대는 그저 분노 표출, 하소연 또는 삐침 정도로 치부하고 관심을 기울이지 않았던 것이죠.

이런 상황에서 일방적으로 이혼을 통보한다면 상대로서는 "갑자기 무슨 말이야?" "도대체 왜?"라는 반응을 보일지도 모릅니다.

이혼을 결심하기 전에, 과연 결혼생활을 지속할 것인지에 대한 문제를 상대와 한 번이라도 진지하게 대화를 나누어본 적이 있는지 고민해봅시다. 우리는 결혼생활을 위태롭게 하는 어떤 사건, 사고가 발생했을 때 일단 감정적으로 상대에게 화를 내거나 분노만을 표출했을 뿐, 정작 문제를 해결하기 위한 진지한 대화를 나누거나 화해를 시도하지 않았던 것은 아닐까요? 어쩌면 상대는 우리가 어떤 이유로 힘들어 하는지, 이혼까지 고민할 정도로 힘든 상태인지 전혀 눈치 채지 못하고 있을 수도 있습니다.

마지막 기회라고 생각하고, 이혼을 결심하기 전에 반드시 상대방과 진지한 상의를 해볼 것을 권합니다. '우리는 지금 어떤 점 때문에, 어떤 이유로 인해서 결혼생활을 유지하기가 힘들고, 이런 문제를 개선하기 위해서는 서로 어떤 부분에 대해 노력했으면 좋겠으며, 이런 점들이 개선되지 않는다면 결혼생활을 더 이상 유지하기 어려울 것 같다. 만약 이혼을 하게 된다면 이러한 어려운 상황들이 발생할 수 있다.'는 내용의 대화가 필요합니다.

자존심 같은 건 모두 내려놓고 상대와 솔직한 마음으로 상의해 보세요. 어쩌면 그 기회로 인해 부부 사이가 다시 좋아질 수도 있고, 끝내 갈등이 해소되지 않는다고 하더라도 적어도 '결혼생활을 유지하기 위해서 할 수 있는 모든 최선을 다했다.'라는 점에서 미련 없이 결단을 내릴 수 있을 것입니다.

네팔에서는 독특한 결혼문화가 있다고 합니다.

아버지가 혼기가 찬 아들과 함께 술 한 병을 들고 점찍어 둔 며느리의 집에 방문한다는 겁니다. 여자의 아버지가 술을 받으면 그날부터 남녀는 동거를 시작합니다. 그리고 1년 후 양가 부모들이 모여 남녀 커플에게 묻습니다. "재미있게 살고 있느냐?"고. 남녀 중 한 사람이라도 아니라고 대답할 경우, 남녀는 바로 원상복귀, 즉 헤어집니다. 만약 둘 다 만족한다면 계속 동거를 유지하는데, 그러다 임신을 하면 두 집안사람들이 다시 모여 묻습니다.

"재미있게 살고 있느냐?"고. 마찬가지로 한쪽이라도 싫다고 하면 다시 원상복귀, 헤어집니다. 둘 다 만족한다면 이후 아이를 낳은 뒤 "재미있게 살고 있느냐?"고 또 묻습니다. 이 때 둘 다 그렇다고 하면 그때 비로소 결혼식을 올립니다. 결국 빨라야 1년, 길게는 5년의 동거기간을 거쳐야 결혼을 하는 거지요. 이렇게 남녀 당사자의 의사를 몇 번이고 확인한 뒤 결혼을 하는 네팔에서는 이혼하는 경우가 극히 드물다고 합니다.

이처럼 우리도 단단한 결혼생활을 위해서는, 결혼생활 동안 계속하여 상대의 안부를 묻고 상대의 안녕을 확인해봐야 합니다. 나랑 살고 있어서 재미있느냐고. 행복하냐고, 말입니다.

관계회복을 위한 tips

우리도 상대와 이렇게 의식적으로 결혼생활에 대한 만족도, 결혼생활 지속에 대한 의사를 계속해서 묻고 확인하고 함께 고민해보면 어떨까요? 혼자만의 감정의 골이 깊어진 상태에서 갑작스럽게 이루어지는 이혼 통보는 피할 수 있지 않을까요?

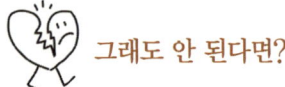 **그래도 안 된다면?**

상대와 진지하게 감정을 배제하고 결혼생활을 계속할 것인지 이야기를 했을 경우, 둘 다 홀로 서는 것이 좋겠다고 결론내릴 수도 있습니다. 그것은 개개인의 문제이기 때문에 어떤 선택이 옳다 혹은 그르다는 정답은 없습니다. 헤어지는 것이 서로의 행복에 보탬이 된다는 결론을 내렸다면, 그때는 이혼을 하고 새로운 삶을 계획해야 할 때가 아닌가 싶습니다.

가족의 도움 :

날 이해해 주는 언니가 있어서 다행이야!

필자에게는 두 살 터울의 언니가 하나 있습니다. 어린 시절에는 언니에게 많이 얻어맞아 울기도 했고, 예민했던 사춘기 시절에는 가슴에 비수처럼 꽂히는 말로 서로에게 상처를 주고받았지요. 대학 시절에는 무슨 이유 때문이었는지는 기억도 나지 않지만 두 달 정도를 아예 한마디도 하지 않은 채 지낸 적도 있습니다. 친구들 중에는 자매끼리 '절친'처럼 지내는 이들도 종종 있었는데, 우리는 그냥 가족이라는 관계, 그 정도의 사이였을 뿐이죠.

하지만 필자가 결혼생활을 하면서 겪었던 힘든 시간들 중에서 가장 의지했던 사람은 바로 언니였습니다.

이혼을 고민하고 결심하는 과정에서는 배우자와의 불화, 배우자와 살면서 일어났던 사건 및 사고들, 부당한 대우 등이 이슈가 됩니다. 아무리 친한 친구 사이라 하더라도 이런 일들을 모두 털어놓는 것은 결코 쉽지 않을 것입니다. 특히 아직 이혼에 대한 확고한 결심이 서기 전이라면, 이런 이야기들은 결국 나의 배우자와 그 가족에 대한 험담일 뿐이고, 결국 그런 배우자를 선택해서 결혼한 나 자신에게 침을 뱉는 결과밖에는 되지 않기 때문이지요.

고민상담 후에도 결혼생활을 계속 유지하게 될지도 모르는 상황에서는 더욱 그렇습니다. 또한 나의 불행한 이야기가 안타까운 이야기로 포장되거나 연민을 빙자한 가십거리가 되어 다른 사람들 입에서 회자되는 것은 그 누구도 원치 않는 일일 것입니다.

그래서 누구보다도 내 입장에서 객관적으로 상황을 파악해 줄 수 있고, 그 과정에서 나의 치부를 알게 되더라도 다른 사람 앞에서 내 흉을 보거나 나의 사생활이 새어나가지 않을 수 있는, 고민을 들어주고 현실적인 도움을 줄 수 있는 사람이 필요합니다.

필자의 입장에서는 결국 가족으로 귀결되더군요. 하지만 필자의 부모님은 자식의 불행한 결혼생활에 대해 나 자신보다도 더 상처 받고 가슴 아파할 뿐, 현실적인 조언이나 도움을 주지는 못했습니다. 극히 보수적인 부모님에게 불행한 결혼생활에 대해 털어놓는 게 어느 순간부터는 오히려 나 스스로에게 더 큰 부담이 될 뿐이었습니다.

하지만 비슷한 환경에서 자라온 같은 세대의 언니는 달랐습니다. "이혼을 해라, 하지 마라." 등의 어떤 결정도 대신 내려주지는 않았지만, 내가 고민하고 있는 문제를 되짚어 주고, 어떻게 이혼 과정이 진행될지, 이혼 후 어떤 상황이 벌어질지 객관적으로 조언해 주었고, 이혼을 결심한 뒤에는 부모님을 설득하고 이사할 집을 알아보는 등 모든 힘든 일을 함께 해 주었지요.

결국 선택은 각자의 몫이지만, 어쩌면 결혼보다 훨씬 더 신중해야 하는 이혼에 있어서 그 무엇보다도 현실적인 조언자가 반드시 필요합니다. 나를 아껴주는 주변 사람이 있다면 도움을 요청해 보세요. 특히 이혼을 직접 경험한 가족이 있다면 지금 우리가 처해 있는 상황에 대해 상당히 객관적인 시각에서 현실적인 조언과 도움을 받을 수 있을 것입니다.

> **관계회복을 위한 tips**
>
> 가족에게 도움을 요청할 때는 배우자의 평가에 있어서 중립적인 사람과 의논하는 것이 좋습니다. 배우자를 지나치게 배척한다든지, 배우자를 무조건 옹호하는 가족구성원과 결혼생활의 불행을 논하는 것은 자칫, 섣부른 판단을 내리는 근거가 되거나 혹은 이해받지 못함으로 인한 상처가 남을 수도 있습니다.

 그래도 안 된다면?

가족과 상의해보아도 결혼을 지속하는 데 있어서 불행만이 가득할 것 같다는 생각이 든다면, 그 다음으로 전문가와 상담을 해보시기를 추천합니다.

전문가 상담 :

부부문제 상담을 부끄러워하지 마세요

결혼을 지속하는 것이 좋을지 그만 두는 것이 좋을지 깊이 갈등하고 있다면 전문가의 상담을 받아보는 것이 좋습니다. 전문가는 공인된 자격이 있는 전문가(정신과 전문의 혹은 여성가족부나 한국심리학회가 승인한 상담사 자격증이나 최소한 심리학 학위가 있는 사람)를 찾아가는 것이 좋습니다.

사설기관(일반적으로 소정의 대가를 주고 상담사 자격증을 취득한 곳)은 피하는 것이 바람직합니다. 숙련되지 않은 상담사와 상담하는 것은 마치 의사 자격증이 없는 이로부터 의료 수술을 받는 것만큼이나 위험한 일이며, 자칫 잘못된 결과를 가져올 수 있기 때문입니다.

전문가를 찾아갈 때는 배우자와 함께 가서 상담을 받는 것이 이상적이지만, 배우자가 상담을 받으려는 생각이 전혀 없다면 우선 혼자라도 상담을 받아보는 것이 좋습니다. 전문 상담사는 당사자의 이야기를 듣고 쌍방의 입장을 객관적인 입장에서 보고자 할 뿐 무조건 참고 살라거나 결혼을 지속하라는 결론으로 귀결시

키려 하지는 않을 것입니다.

전문가로부터 상담을 받을 때의 장점으로는 첫째, 전문가의 객관적인 시각을 통해서 나와 상대방에 대해 이해할 수 있게 되고, 과연 이 결혼생활을 끝내는 것이 올바르고 이성적인 결정인지, 감정에 치우쳐서 충동적으로 결정하는 것은 아닌지에 대해 객관화된 시선을 통해 함께 고려해볼 수 있다는 것입니다.

둘째, 전문가의 상담까지 받고나면 이혼이나 결혼생활 지속 중 어떤 결정을 내리든 최선을 다했다는 마음가짐이 생기기 때문에 비교적 후회하는 마음이 들지 않게 됩니다. 즉 자신의 결정을 스스로 정당화시킬 수 있으며, 옳은 결정이었다고 생각할 수 있습니다.

이혼의 후유증 중에 가장 심리적으로 힘든 것 중 하나는 사후 가정 사고(counterfactual thinking : 어떤 사건을 경험한 후에, 일어날 수도 있었지만 결국 일어나지 않았던 가상의 대안적 사건을 생각하는 것.)입니다. 예를 들어 '내가 이혼만 하지 않았다면, 지금 더 풍족하게 살았을 텐데…. 그냥 남편을 돈벌어오는 하숙생이라 생각하고 마음을 비우고 함께 살아볼 걸…' 하는 마음이 들면서 이미 종결된 이혼을 후회하게 되는 것입니다.

반대로 결혼생활의 지속 역시도 사후 가정 사고가 일어날 수 있습니다. '내가 이혼만 했더라면, 이런 꼴은 그만 봐도 되었을 텐데… 내가 이렇게 비참해지지 않아도 되는데… 그때 그냥 이혼할 걸…' 이런 마음이 들면서 이혼하지 않았던 것을 후회하는 것입니다.

이혼을 결심하기 전 미연에 전문가에게 상담을 받아 보는 것은 이혼이든 결혼지속이든 그 결정에 대한 후회를 최소화 할 수 있으며, 자책감과 죄책감을 줄일 수 있습니다. 특히 사회적인 압력에 의해 주눅 드는 것을 줄일 수 있습니다.

필자 역시도 이혼을 결정하기 전에, 전문가에게 상담을 받았습니다. 필자의 주된 이혼사유는 첫째, 배우자에 대한 신뢰가 사라졌고 둘째, 결혼 후 성적인 관계를 전혀 해보지 않았다는 것이었습니다.

비전문가, 즉 주변 친구들에게 이야기를 해봤을 경우엔, 성적으로 전혀 관심이 없는 남자와 사는 것에 대해 당장 이혼하라는 친구가 있었던 반면, 어차피 애 낳으면 성적욕구가 떨어지니 전혀 문제되지 않는다며 그냥 살라고 조언을 하는 친구도 있었습니다. "그런 남자들은 여자에 관심이 없어서 바람을 피우지 않으니 살다보면 더 좋을 것이다."는 조언을 하는 또 다른 친구도 있었지요.

친구로서 안타까운 마음으로 해 준 진심어린 조언들이었지만, 필자는 오히려 서로 다른 조언들을 받으며 과연 이혼을 해야 하는지에 대하여 더 혼란을 느꼈습니다.

전문가는 필자에게 단 두 가지를 물어보았습니다. 먼저 배우자의 나이가 얼마나 되느냐는 것이었고, 필자는 20대 중반이라고 대답하였습니다. 두 번째는 언제부터 배우자와 성적인 관계가 없었느냐는 질문이었습니다. 이에 처음 만났던 때부터 성적인 관계가 없었다고 하였고, 그것이 진정으로 필자를 아껴주고 사랑하기 때문이라고 믿어 결혼까지 결심하였다고 대답하였습니다. 실제로 필자는 아주 보수적인 가정에서 자라서, 반드시 혼전순결을 지켜야 한다고 배웠고, 결국 잘못된 판단을 하게 되었던 것입니다.

전문가는 그 두 가지 질문에 대한 대답을 듣고, 배우자는 무성욕자일 가능성이 있으며, 앞으로의 결혼생활도 같은 방식으로 이어져 나갈 것이고, 시간이 지나도 그의 성욕은 생기지 않을 것이라고 하였습니다. 그리고는 필자에게 "여자로 살고 싶은 욕구가 있다면 하루빨리 이혼하고 새 삶을 찾으라."고 이야기했습니다.

필자는 전문가의 조언을 듣고 미련 없이 이혼을 하기로 결심하였고, 이혼한 뒤로 단 한 번도 후회하지 않았습니다. 오히려 이혼으로 인하여 남자를 보는 안목을 키우게 되었고, 상대가 나를 성적으로 아껴주는 사람이 아니라 여자로서 아껴주는 사람인지에 대해 생각해보게 되었습니다.

필자는 지금도 그 때 상담을 해 준 전문가 선생님께 감사한 마음을 갖고 있습니다. 그와 같은 경험이 있었기에 이제는 심리학자이자 상담전문가가 된 필자도 이혼을 고려하는 사람들에게 이혼 전에 전문가와 상담해보는 것을 강력히 추천합니다.

관계회복을 위한 tips

부부 문제에 대한 상담을 받으러 갈 때는 부부가 함께 가는 것이 가장 좋습니다. 상대방이 상담을 거부한다고 하더라도, 헤어지기 위해서 상담을 받는 것이 아니라, 관계를 개선하기 위하여 상담받는 것이라는 상담 목적을 상기시키고, 상대방을 설득해보십시오. 부부문제 상담을 통해 진짜로 부부관계가 급속도로 좋아질 가능성도 있습니다.

 그래도 안 된다면?

부부상담의 결과 전문가가 생각하기에도 헤어지는 편이 부부에게 더 좋은 결정이라고 조언한다면, 그때는 이혼을 고려해 보셔도 좋습니다.

떨어져 있어보기 :
안 보이니 그리워 vs. 보지 않으니 살 것 같아!

별거에 관해 말씀드리기에 앞서 부부생활이 힘들다고 해서 반드시 별거를 해야 한다는 의미는 아니라는 점을 밝혀둡니다. 오히려 상대에게 아무 말도 없이 집을 나가거나 어린 자녀를 집에 남겨 두고 나가게 되면 이혼소송과 자녀 양육권 다툼에서 불리하게 작용할 수 있습니다. 배우자는 서로 부양의무와 동거의무를 부담하는데, 일방적으로 집을 나가는 경우 이혼사유인 '악의의 유기', '동거의무 불이행' 등으로 해석될 수 있기 때문입니다. 따라서 이러한 일방적인 별거는 현명하지 않은 일입니다.

'부부싸움은 칼로 물 베기'라는 말이 있습니다. 하지만 누구에게나 있는 사소한 문제로 여겨 참는 것도 능사가 아닙니다. 대화와 소통이 필요하지요. 하지만 하루 종일 직장에서 시간을 보내다가 저녁 이후에나 얼굴을 보게 되므로 결국 말다툼을 할 시간도 저녁시간 이후일 수밖에 없습니다. 따라서 싸움을 피하고자 하는 사람(주로 남자의 성향)은 다음에 이야기를 하자고 하겠지만 당장 문제를 해결해야 한다고 생각하는 입장에 있는 사람은 기다려 줄 여유가 없지요. 결국 일방적으로 불만을 제기하는 방식으로 부부싸움이 시작되는데, 처음엔 밤새도록 말다툼을 할 의도가 없었더라도 감정이 격해져 서로 가시 돋친 말을 주고받다 보면 어느새 새벽을 훌쩍 넘기기 마련입니다. 하루 종일 쌓인 피로로 지쳐 있는 판에 상처를 후벼파는 말을 주고받는 동안 자신도 모르게 극단적인 행동으로 이어질 우려도 있습니다.

이런 면에서 일정 기간 동안 배우자와 떨어져 지내면서 냉철하게 자신의 결혼생활, 배우자와 자신의 태도에 대해 돌아볼 시간을 갖는 것도 의미가 있습니다. 팅징 기시 돋친 말, 비아냥, 무시하는 태도, 가족에 대한 험담이나 욕설을 듣지 않는 것만으로도 별거의 효과는 상당합니다. 왜 이런 대접을 받고 살아야 하는지 신세 한탄을 하다가도, 어쩌다가 배우자와의 관계가 이렇게 되었는지, 원래 그런 사람인데 나만 몰랐던 것인지 돌이켜 볼 필요도 있습니다.

일정 시간 떨어져 지내다 보면, 눈에 보이지 않으니 살 것 같은지 아니면 그리워지게 될는지도 알 수 있습니다. 짧게는 2~3주, 길게는 1개월 이상 별거를 하면서 자신이 정말로 이혼을 원하는지, 이혼을 하고 나면 지금보다 더 행복해질 것이라는 확신이 드는지, 혹은 지금보다 삶의 질이 나빠지더라도 현 상태를 벗어나기 위해서라면 이를 감수할 각오가 되어 있는지, 내가 기대했던 결혼생활은 아니지만 형식적으로라도 결혼한 상태를 유지하는 게 나은지 등에 대해 진지하게 고민하고 머리를 식히는 기간(cooling-off period)을 가져보는 것도 좋은 방법입니다.

> **관계회복을 위한 tips**
>
> '혼인관계가 완전히 종결되지 않은 상태에서 별거를 하는 과정에 다른 이성을 만나는 것은 피하라.'고 조언해 드리고 싶습니다. 별거의 목적이 건설적인 결혼생활의 회복인 만큼 배우자와의 관계에 대하여 생각해보는 시간이 되는 것이 좋습니다. 다른 이성과의 만남은 배우자와의 진지한 관계를 돌이켜보는 데 오히려 장애가 될 수도 있습니다. 또한 부부관계를 정리하기로 결심하고 법적인 절차가 마무리되었을 때 시작하는 것이 새로 만나는 이성과의 신뢰감 형성에도 도움이 됩니다.

 **그래도 안 된다면?**

배우자와 떨어져 지내는 동안 홀가분함을 느끼고, 상처가 치유되며, 상대방을 보지 않으니 살 것 같고, 결혼을 유지하는 것이 의미가 없다고 생각되실 수도 있습니다. 그럴 때는 조심스럽게 이혼에 대해 고려해보셔도 괜찮습니다. 물론 판단은 최대한 신중하게 내려야 합니다.

CHAPTER. 3

나는 왜 망설이는가?

자녀 걱정 :
불행한 부모와 사는 자녀,
　행복한 한 부모와 사는 자녀

부부갈등에 관한 상담을 하다보면 이혼을 해야 할지, 말아야 할지 결정할 때 가장 크게 걸리는 부분이 바로 자녀 걱정입니다.

"이혼을 너무 하고 싶지만, 자녀가 마음에 걸려서 이혼을 미루고 있다. 그렇지만 매순간 이렇게까지 하면서 이 사람과 살아야 하나 라는 회의감이 든다."

이렇듯 부부의 열매라고도 할 수 있는 자녀문제는 이혼문제에서 가장 큰 고려 요소 중 하나입니다.

결혼 7년차, 공기업에 다니는 S는 남편의 외도와 시댁 문제로 수 없이 이혼을 생각하고 있지만 직장 내 어린이집에 다니는 6살짜리 딸이 마음에 걸립니다. "딸만 없었으면 이혼했을 텐데."라는 말을 습관처럼 하고, 심지어 오랜 연애기간 동안 반대하셨던 부모님께 "왜 더 강하게 반대해서 자기 결혼을 막지 못했느냐?"며 투정을 부리기도 했습니다.

육아문제에 한 번도 도움을 준 적이 없는 얄미운 남편이지만 아빠를 너무 사랑하는 딸의 모습을 보면 과연 이혼을 해야 하는 건지 망설이게 됩니다. 혹여나 이혼을 하면 딸이 불행해지지는 않을까, 아빠 없는 자녀가 되어 친구들로부터 놀림을 받거나 기죽지는 않을까, 결혼을 할 때 흠을 잡히지는 않을까 하는 걱정 때문에 그냥 내 인생을 희생하고 참으면서 살아보자 마음을 다잡아 보기도 합니다.

그렇지만 반복되는 시댁의 횡포와 남편의 폭언과 무관심이 이어질 때면 이렇게까지 하면서 내 삶을 유지해야 하는가 하는 마음에 극단적인 생각이 들기도 합니다. 숱한 부부싸움으로 딸의 정서가 불안정해지고 매사 불안해하는 모습을 보면 이렇게 부부로 사는 것이 딸에게 진정으로 유익한가라는 점에 대해 생각하기도 합니다.

S는 딸이 걱정되어 미술치료 상담을 받으러 갔습니다. 미술치료 상담가는 부모의 불화로 딸의 정서불안이 심각하다고 말했습니다. 그런 이야기를 남편에게 해보았지만 남편은 도리어 이런 파국적인 관계를 자초한 것은 바로 S 탓이라고 말합니다. 결국 또 다른 갈등이 터지고 더 큰 싸움이 되고 마는 것이지요.

결론부터 말씀드리자면 이혼과 관련한 자녀문제에는 정답이 없습니다. 이혼한 부모의 자녀와 이혼은 하지 않았지만 사이가 좋지 않은 부모의 자녀를 비교해 어떤 아이가 더 행복한지를 판단하기는 어렵습니다. 행복은 주관적이고 개인의 극복 방식이나 사고방식에 영향을 받게 되기 때문입니다.

위기상황을 잘 극복하는 자녀들은 부모가 이혼을 하였든 이혼을 하지 않았을 뿐 사이가 좋지 않은 부모든 간에 자신의 삶을 사는 방식으로 행복을 추구할 수 있습니다. 하지만 자녀의 성향 자체가 위기에 취약하다면 부모의 상황이 어떻든 간에 불만을 가지고 상황 탓을 하며 대체로 불행한 삶을 이어가기 때문입니다.

사람은 가보지 않은 길에 대한 아쉬움을 갖는 성향이 있기 때문에 (사후 가정)[1] 이혼한 부모의 자녀는 '부모가 사이가 나쁘더라도 나를 위해 이혼하지 않고 살아주었다면 내가 이렇게 사회적 편견이나 차별을 받지 않았을 텐데.'라는 생각을 하기도 합니다.

반대로 부모가 사이가 좋지 않지만 자녀를 생각해 이혼하지 않고 잦은 싸움을 하며 함께 살았던 자녀의 경우 '부모가 제발 나 때문이라는 핑계를 대지 않고 이혼이라도 진즉 했더라면 눈치도 덜 보고 좀 더 밝고 행복하게 지낼 수 있었으며, 건강한 남녀관계에 대한 가치관을 가질 수 있었을 텐데.'라는 생각을 하기도 합니다. 그리고 자식 때문에 억지로 결혼생활을 유지하는 부모를 보며 자랐기 때문에 결혼에 대해 두려움을 갖고 독신을 고집하는 경우도 있습니다.

이와 관련해서 이혼한 부모를 둔 자녀들과 이혼만은 하지 않았

---

1) 어떤 사건을 경험한 후에, 일어날 수도 있었지만 결국 일어나지 않았던 가상의 대안적 사건을 생각하는 것.

을 뿐 사이가 나쁜 부모를 둔 자녀들이 성인이 되었을 때를 추적해 인터뷰한 자료가 있어서 소개하도록 하겠습니다.

부모님이 초등학교 5학년 때 이혼한 K는 "부모님이 이혼만은 하지 않으셨길 바란다."고 응답하였습니다. 그녀는 남자친구를 사귈 때마다 부모님이 이혼하신 사실을 밝히지 않으면 속이는 기분이 들어서, 과연 어느 시점에 부모님의 이혼을 공개해야 하는지 많은 고민을 하였고 수시로 부모의 이혼을 원망했습니다. K는 사이가 좋지 않아도 자녀를 위해 서로 괴로움을 희생하고 함께 살아주는 부모들을 존경한다고까지 말했습니다. 그리고 자기 부모님도 그러셨으면 참 좋았겠다, 라는 생각을 한다고 대답했습니다. (물론 현재는 K도 결혼을 하고 자녀를 가지고 있으며, 부모님의 결정을 존중한다고 하였습니다.)

반면 자녀의 사회적 편견 때문에 이혼을 하지 않은 부모와 함께 살아온 H의 경우에는 싸울 때마다 본인의 핑계를 대며 "너 때문에 내가 이렇게 힘들게 희생하고 저런 나쁜 ×이랑 산다."라는 말을 듣는 게 너무 괴로웠다고 고백합니다. H는 그런 부모를 오랜 시간 보고 자란 것이 본인의 연애관에도 영향을 미쳤다고 생각하며, 그런 부모 때문에 정상적인 연애를 하기 힘들다고 이야기하였습니다. 어떤 관계라도 잘 지내다가 작은 갈등으로 인한 다툼이 생기면 부모님이 생각난다는 것이었습니다.

H는 결국 결혼은 하지 않는 독신이 되기로 결심하였습니다.

차라리 부모가 본인이 어린 시절 싸움을 멈추고 이혼을 했다면, 눈치를 보지 않고 건전한 이성관을 만들 수 있었을 것이라고 말합니다.

위에서 본 사례처럼, 그 어떤 경우도 자녀의 정신건강에 이롭지는 않기 때문에 신중하게 결정을 해야 합니다. 이혼한 가정이지만 밝고 행복한 환경에서 눈치 보지 않는 자녀로 키울 것이냐, 혹은 나중에 자녀가 사회적 편견을 받게 될까 걱정하여 이혼만은 하지 않고 사이가 나쁜 쇼윈도 부부로 살 것이냐, 라는 것 중에 택해야 합니다.

심리학자이자 상담사로서 가장 좋은 방법을 말씀드리자면, 부부간의 갈등을 해결하고 자녀 앞에서 싸우는 모습을 보이지 않으며 안정적이고 행복한 가정의 울타리를 만들어주는 것입니다. 하지만 어느 순간에는 더 이상 풀 수 없는 실타래와 같은 관계에 이르게 될 수도 있습니다. 특히, 상대에 대한 신뢰를 잃게 된 경우에는 그것을 다시 회복하는 데 1천 배의 노력이 든다는 연구결과도 있습니다.

극단적인 예를 들자면, 상대가 일 년 동안 속이고 바람을 피웠다면, 천 년 동안 신실한 모습을 보여야 바람을 피우고 속인 것에 대한 신용을 회복할 수 있다는 것입니다. 즉 신용이 깨짐으로써 생긴 갈등은 해결이 매우 어렵습니다.

혹은 시댁 문제의 경우, 남편이 부모자식 간의 연을 끊는 강단을 보이지 않는 한 결코 해결될 수 없는 심각한 갈등 상황도 있습니다. 이럴 경우, 과연 자녀를 위해 계속해서 이 사람과 살면서 나의 고통을 아이에게 티를 내지 않고 견뎌낼 수 있을까를 생각해 보셔야 합니다.

결정은 각자의 몫입니다. 한 가지 당부의 말씀을 드리자면, 혹시나 싸우시더라도 "너(자녀) 때문에 나는 이런 힘든 상황에서 저런 최악의 남자(여자)와 산다."라고 표현하거나 계속해서 주입시키지 마십시오. 이는 자녀의 자존감에 큰 해악을 끼치며 자녀의 회복탄력성[2]을 낮추어 부모가 어떤 결정을 내리든 간에 앞으로도 행복한 삶을 살기 어렵게 만들어 버리기 때문입니다.

---

2) 회복탄력성resilience : 회복탄력성은 크고 작은 다양한 역경과 시련과 실패를 오히려 도약의 발판으로 삼아 더 높이 튀어 오르는 마음의 근력을 의미한다. 물체마다 탄성이 다르듯이 사람에 따라 탄성이 다르다. 역경으로 인해 밑바닥까지 떨어졌다가도 강한 회복탄력성으로 다시 튀어 오르는 사람들은 대부분의 경우 원래 있었던 위치보다 더 높은 곳까지 올라간다. 지속적인 발전을 이루거나 커다란 성취를 이뤄낸 개인이나 조직은 실패나 역경을 딛고 일어섰다는 공통점이 있다. 어떤 불행한 사건이나 역경에 대해 어떤 의미를 부여하느냐에 따라 불행해지기도 하고 행복해지기도 한다. 세상일을 긍정적 방식으로 받아들이는 습관을 들이면 회복탄력성은 놀랍게 향상된다. 회복탄력성이란 인생의 바닥에서 바닥을 치고 올라올 수 있는 힘, 밑바닥까지 떨어져도 꿋꿋하게 다시 튀어오르는 비인지 능력 혹은 마음의 근력을 의미한다.(위키백과)

경력단절 주부 :

불행한 결혼의 굴레에서
어떻게 벗어날 수 있나요?

이혼이 급증하게 된 이유 중 하나로 여성의 경제력 증가, 이혼에 대한 사회인식 변화를 꼽을 수 있습니다. 과거에는 남성의 경제력에 의존하는 경우가 많아서 남편의 부당한 대우에도 당장 먹고사는 문제 때문에 참고 사는 여성들이 많았지만 이제는 상황이 많이 달라졌습니다. 경제활동에 참여하는 여성이 늘어나면서 일방적으로 남편의 경제력에 의존하는 관계가 많이 줄었고, 불행한 결혼생활을 감수해야 할 이유도 함께 줄어든 것이지요.

최근 한 결혼정보업체의 설문조사에 따르면 이혼을 망설이는 주된 이유는 자녀 때문이라고 답하였고, 그 다음은 경제적인 문제라는 결과가 있었습니다. 여전히 경제력은 이혼을 망설이게 하는 중요한 이유 중 하나라는 의미입니다. 혼자 살아갈 경제력은 있다고 하더라도 자녀를 혼자 양육하는 것이 부담이 되는 경우, 또는 결혼 후 가정을 돌보기 위해 직장을 그만둬 경력이 단절되었고 이제 와서 갑자기 마땅한 직장을 구하기 만만치 않아서 어쩔 수 없이 결혼생활의 불행을 감수하게 되는 것이지요.

문제해결을 위한 tips

한국 사회에서 특히 여성은 결혼을 하고 아이를 낳으면서 경력이 단절되고 독립된 경제력을 잃는 경우가 많습니다. 그렇기 때문에 결혼생활이 지속되면서 점점 힘들어지더라도 불행한 결혼생활로부터 벗어날 수 있는 가능성은 점점 낮아지게 됩니다.

결혼생활이 아무리 힘들어도, 독립하여 살기 위해서는 현실적으로 돈이 필요합니다. 모아둔 돈이 없거나 당장 어디서 살아야 할지도 모른다면, 우선은 현재의 결혼생활을 유지하면서 진전시킬 수 있는 방안을 찾는 것이 더 현명할 수도 있습니다. 그러는 과정에서 새삼 나와 자녀를 부양하는 배우자를 존경하는 마음이 생길 수도 있고, 관계가 회복될 수도 있습니다.

또한 결혼생활에서 얻을(?) 수 있는 것이 많다면, 다른 의미에서 결혼생활을 유지해보는 것도 괜찮습니다. 꼭 사랑을 해야만 함께 사는 것은 아니니까요. 아이까지 있다면 경제력이라는 면에서 현재는 비록 나의 '적군'일지라도 함께 양육을 하는 것이 더 유리할 수도 있습니다. 일종의 기업간 인수합병 같은 것이지요.

결혼생활이 힘들어 벗어난다고 해서 꼭 탄탄대로로 행복하고 편한 삶이 기다리는 것은 아닙니다. 결혼생활이 힘든 것만큼이나 직장에도 나를 힘들게 하는 사람들이 존재하고, 어쩌면 나의 배우자보다 더 상처를 주는 사람이 있을지도 모르는 일이니까요.

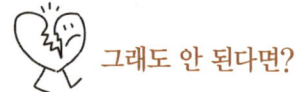 **그래도 안 된다면?**

그럼에도 불구하고 결혼생활이 너무너무 불행해 이혼해야겠다면 다른 방법을 찾아보아야 합니다. 전업주부, 전업남편이라 하더라도 이혼하면 바로 길바닥으로 쫓겨나야 하는 것도 아닙니다. 부부가 이혼하면 재산분할, 양육비, 위자료 등의 명목으로 부부 일방 혹은 공동명의로 된 재산을 나누게 됩니다.

재산분할, 양육비, 위자료를 나누는 방법은 첫째, 당사자 사이의 합의에 따르는 방법과 둘째, 법원 판단을 받는 방법으로 나눌 수 있습니다. 가수 박○○ 씨는 전 배우자와 협의이혼하면서 위자료로 30억 원을 지급하였다는 뉴스가 있었습니다. 30억 원이라는 거액이라 하더라도 당사자가 합의한 금액이라면 전혀 문제 되지 않고 나중에 돌려주어야 하는 것도 아닙니다.

합의가 되지 않으면 소송을 통하여 나눌 수 있습니다. 그 금액이 얼마나 될지는 부부의 재산상태, 이혼의 귀책사유가 누구에게 있는지, 자녀를 누가 양육하는지 여부에 따라 결정됩니다. 재산분할의 경우 대략적으로 결혼 10년 내에 이혼하는 경우 모든 재산이 배우자 명의로 되어 있다 하더라도 그 중 30% 내지 50%를 나누어 받을 수 있고, 양육비는 부부 합산 소득과 자녀의 나이를 고려한 양육비산정 기준표에 나온 금액 중 1/2을 받을 수 있습니다. 위자료는 혼인 파탄의 주된 귀책사유가 있는 쪽이 상대방에게 지급하여야 하는데, 양쪽에 동등하게 잘못이 있다고 인정되는 경우에는 위자료가 인정되지 않기도 합니다.

따라서 이혼을 하더라도 부부가 결혼생활을 통해 모으고 늘린 재산을 나누게 되므로, 당장 내 명의로 된 재산이 없다는 이유만으로 이혼을 포기할 일은 아닙니다.

착한 딸이,
자랑스러운 아들이 되고 싶어서 참고 살아요

정작 당사자들은 이혼을 결심했는데, 부모님이 자녀의 이혼을 강력히 반대하는 경우도 많습니다. 어떻게 해야 할까요?

A의 경우가 그랬습니다. A의 부모님은 매우 보수적인 성향으로 딸이 이혼녀가 되는 것을 세상에서 가장 힘들고 수치스러운 일처럼 생각하는 사람이었습니다. 평생 사이좋은 부부로 지내온 부모님으로서는 딸이 왜 굳이 이혼까지 하려는지 이해하기 어려웠겠지요. 어떤 사람과 결혼하더라도 갈등과 분쟁은 있기 마련이라며, 참고 살기를 기대했습니다. 무엇보다도 이혼녀가 되어 혼자 살아갈 딸의 앞날을 걱정하는 마음이 가장 크셨겠지요.

그렇지만 A는 기어이 이혼을 했습니다. 그녀는 부모님께 사전에 어떠한 상의도 없이 모든 이혼 절차를 마친 뒤에야 그 사실을 통보했습니다. 부모님의 반응은 이루 말할 수 없는 실망감과 놀라움의 표현이었지요. 그렇지만 시간이 지나자 부모님은 그런 현실을 받아들이셨습니다. 이미 벌어진 일인데 받아들이는 것 이외에는 방법이 없었으니까요. 그리고 무엇보다도 A가 이혼하고 난 뒤 훨씬 더 밝은 표정으로 행복하게 지내는 모습을 보면서 이혼을 나무라거나 탓하지도 않았습니다.

부모님이 보시기에 자녀는 아무리 나이를 먹어도 돌봄이 필요하고 미성숙한 아이로 비춰지기 마련입니다. 혹시나 자녀가 이혼 때문에 불이익을 당할까봐, 사람들에게 좋지 않은 시선을 받을까봐 걱정하시는 부모님을 이해할 수 있을 것입니다. 즉 부모님은 이혼 자체가 아니라 자녀가 불행해질까봐 걱정하시는 거지요.

관계회복을 위한 tips

이혼을 말리는 부모님의 말씀에 귀를 기울여 들어볼 필요도 있습니다. 부모님이 바라보는 배우자의 장점이나 주변에서 이혼한 사람들이 힘들게 살아가는 상황을 들려주며 이야기하는 과정에서 자신의 결정을 다시 생각해보는 계기가 될 수도 있습니다. 인생의 선배이자 진심으로 나를 아끼시는 부모님의 말씀이라면 마음을 열고 진지하게 부부관계를 돌아볼 수 있지 않을까요?

 그래도 안 된다면?

우리 인생은 어느 누구도 대신 살아줄 수 없습니다. 그건 부모라 해도 마찬가지입니다. 인생은 각자 살아가는 것이고, 어떤 방식으로 누구와 살 것인지도 나 스스로 결정하는 일입니다. 부모의 반대로 어쩔 수 없이 일단 나를 희생하고 불행한 결혼생활을 유지하는 것이 진정으로 부모님을 위하는 길일까요?

그렇지 않습니다. 결국 부모님은 우리가 행복하게 잘 사는 것 하나만으로 우리가 모든 효도를 다했다고 생각하십니다. 당장은 이혼이 부모님에 대한 불효라고 생각할 수 있겠지만, 불행한 결혼생활로 힘들어하는 모습보다 이혼하고 행복하게 잘 사는 모습을 보이는 것이 진심으로 부모님께도 효도하는 것 아닐까요?

부디 부모님을 위한다는 핑계로 우리의 인생을 희생하지는 마시기 바랍니다. 우리는 스스로 행복해질 권리가 있습니다. 우리가 행복해야 우리를 사랑하는 부모님도 행복해질 수 있습니다.

주변의 시선이 두려워서, 편견이 무서워서

아무리 친한 사람에게라도 결혼생활이 원만치 않다거나 배우자와 사이가 나쁘다는 사실을 털어놓기란 쉬운 일이 아닙니다. 특히나 결혼 소식부터 이야깃거리가 되는 연예인이나 유명인이라면 더더욱 불행한 부부생활을 하고 있다는 사실을 알리고 싶어 하지 않지요. 심지어 이들은 과거의 결혼 소식, 결혼생활까지 대중에게 모두 공개되기 때문에, 심한 불화가 있더라도 쉬쉬하고 지내거나 쇼윈도 부부로 수십 년을 지내기도 합니다. 방송에 출연해 깨가 쏟아지는 결혼생활에 대해 이야기를 늘어놓더니, 별안간 오랜 불화 끝에 이혼한다는 뉴스로 대중을 깜짝 놀라게 하기도 합니다. 서태지-이지아 커플이나 서세원-서정희 커플도 오랫동안을 무늬만 부부로 지내왔다는 사실을 뒤늦게 토로하였지요.

유명인들은 일반인보다 이혼을 결심하기가 더 어렵기 마련입니다. 그동안 결혼생활을 노출하며 쌓았던 이미지, 대중이 기대하는 화목한 결혼생활을 방송으로 보여주다가 갑자기 이혼하게 되면, 대중을 속였다는 비난을 피할 수 없으니 말입니다. 그동안

쌓아올린 커리어에 흠이 생길 수도 있고 이미지가 나빠지는 것을 우려할 수도 있습니다. 이런 저런 사정으로 인하여 부부관계가 돌이킬 수 없을 정도로 파탄이 났음에도 이혼하지 않고 지내는 유명인 부부는 알려진 것보다 훨씬 더 많을 수 있다는 것이지요.

하지만 인생에서 가장 중요할 수 있는 결혼생활이 타인의 시선 때문에 그저 불행한 현실을 무시하고 살아야 할 가치가 있는 것일까요? 행복하지 않은 결혼생활을 운명으로 받아들일 수 있는 사람도 있고, 이혼을 감행하면서 커리어나 이미지에 끼치는 부정적인 영향까지 삶의 일부로 수용할 수 있는 사람도 있을 것입니다. 어느 편이 더 중요하고 가치가 있다고 잘라 말하기는 쉽지 않을 것 같습니다.

관계회복을 위한 tips

직업상 평판이나 이미지는 인생에서 매우 중요한 문제입니다. 가정생활을 잘 유지하는 것도 커리어에 큰 영향을 줄 수 있습니다. 일례로 교사나 교수의 경우, "가정 하나 잘 꾸리지 못하면서 어떻게 학생들을 가르치느냐?" 라는 비판을 받을 수도 있습니다. 심리상담사, 정신과 의사, 종교계에서 일하는 사람의 경우에도 가정생활에 대한 좋지 않은 루머가 생기면 본업에 부정적인 영향을 끼칠 수 있습니다. 아무리 실력이 있더라도 능력에 대한 의심을 받기도 합니다. 이러한 경우에는 부부관계가 나빠지더라도 가급적 관계 회복을 위한 노력에 최선을 다하는 것이 좋습니다. 극복할 수 있는 방법들을 찾아보지도 않고 무조건 이혼으로 도피하는 것은 장기적으로 후회를 남길 수 있기 때문입니다.

 그래도 안 된다면?

직업상 이미지 때문에, 가족과 친척, 직장동료들의 입방아에 오르는 것이 두려운 나머지 배우자의 부정, 폭력, 낭비벽을 눈감고 지내는 것이 과연 바람직한 결혼생활일까요?

누군가를 사랑하는 마음이 식어버린 채, 소중한 사람으로부터 사랑받는 기분을 느끼지 못한 채 흘려버린 시간은 어떻게 보상받을 수 있을까요? 과연 시간이 흐른 뒤 이 순간을 되돌아보았을 때, 나는 행복한 인생이었다고 자신 있게 말할 수 있을까요?

당신이 평범한 일반인이라고 하더라도 이혼 소식은 가십거리가 되어 입에서 입을 타고 금방 퍼질 것입니다. 만일 당신이 유명인이라면 기자들과 대중은 당신의 활동보다 이혼 소식에 더 큰 관심을 가질 수도 있습니다.

그러나 주변인들의 일차적인 관심이란, 이를 테면 '맛집'을 검색하거나 연예인 사진을 구경한다든지 하는 정도의 호기심에 불과합니다. 아무리 주변에서 이러쿵저러쿵 이야기를 하더라도 부부 외에는 그들의 결혼생활을 속속들이 알기 어렵습니다. 나의 이혼 소식은 정치문제, 여름휴가, 인기드라마, 각종 사건 사고들로 인하여 그들의 머릿속에서 금세 사라집니다. 내가 이혼 후에도 잘 살고 있는지, 혹시라도 폐인이나 되지 않았을지 찾아다니는 일도 없습니다.

그러니 진심으로 내가 어떤 가치관을 가지고 있는지, 나의 남은 인생에서 무엇이 행복을 가져다주는지에 대하여 진지하게 생각해보기를 바랍니다.

임신 중인데 어쩌죠?

이혼을 주저하게 만드는 강력한 이유 중의 하나는 임신입니다. 임신한 상태에서 결혼생활이 원만치 않아서 힘들다고 호소하면, "사이도 안 좋다면서 애는 어떻게 만들었어?"라는 배려 없는 질문을 던지는 이들도 있습니다.

필자가 상담한 이들 중에는 의외로 임신 중인 이들이 꽤 많았습니다. 행복해야 할 임신기간 중에 이혼을 고려하는 부부가 많은 것은 어떤 이유일까요?

첫째는 호르몬의 변화입니다. 임신하면 호르몬의 변화로 감정이 예민해져 작은 일에도 서운해지기 쉽고 신체의 변화로 인해 여자로서의 매력을 잃은 것 같아 우울증에 빠지기도 합니다. 혹시나 남편이 서운하게 하면, "이 사람은 나를 더 이상 사랑하지 않나?" "내가 이렇게 뚱뚱해지고 몸매가 변해서 이제 더 이상 여자로서의 매력이 없나?" 하는 위기감을 느끼게 되기도 합니다.

둘째로 남성들은 아내의 임신기간에 바람을 피울 확률이 높다고 합니다. 임신한 아내를 통해 성욕을 해결하는 것이 부담스럽기도 하고 임신으로 예민해지고 신체가 변해가는 아내에게 성적인 매력을 덜 느끼게 되지요. 또한 트러블은 결혼 초기에 생기는 경우가 많은데, 젊을수록 임신할 확률도 높습니다.

따라서 임신 중 이혼을 고려하는 상황이 적지 않고, 이혼을 원하면서도 태아에 나쁜 영향을 미칠봐 결정을 미루는 경우가 많습니다.

관계회복을 위한 tips

임신 중인 경우에는 이혼을 하지 않고 대화로 해결을 해보라고 권하고 싶습니다. 왜냐하면 아이가 부부관계를 좋게 만들어 주는 촉매가 될 수도 있기 때문입니다. 아이를 낳고 나서 화목해지거나 관계가 개선되는 사례도 상당히 많습니다. 물론 반대로 아이를 낳고 부부관계가 더 틀어지는 경우도 있습니다만.

 그래도 안 된다면?

덜컥 임신이 됐지만 반드시 이혼을 해야만 하는 이유가 있다면, 즉 배우자와 공존할 수 없는 부부 사이의 중대한 사유가 있다면 아이가 태어나기 전이라도 이혼을 서둘러야 합니다. 아이가

태어나서 겪을 부모의 불안정한 모습은 아이의 정서적 인지적 발달을 저해하기 때문입니다. 아이가 태어나서 겪게 될 불화를 미리 예방할 수 있는 방안을 찾든지, 아니면 아이에게 그러한 불화를 안겨주지 않기 위해서 미리 이혼을 준비하여 아이가 태어나기 전에 종결을 짓든지 하는 것이 아이의 심리적 발달에 더 나은 선택일 수 있습니다.

그럼 태어난 아이에게는 부모의 이혼에 대해 어떻게 알려주면 좋을까요? 아이의 정서발달만을 고려한다면, 친권과 양육권을 태아를 임신한 엄마가 가지고, 처음부터 아빠의 존재를 알려주지 않는 것이 더 좋습니다. 사춘기를 지나 아이가 이해할 만한 나이가 되면 그때 설명해 주는 것이 아이의 정서발달에 그나마 바람직합니다. 그렇지 않을 경우 차선책으로는 아이가 태어나기 전에 이혼을 하고 감정적으로 정리를 해놓은 상태에서, 아이에게 이혼을 했다는 언급을 하지 않고 아이 앞에서는 연기한다는 마음으로 즐거운 부부의 모습을 보여줄 수 있다면 그것도 괜찮습니다.

태아 상태에서 이혼을 겪은 아이는 태어나서 이혼을 겪은 아이들과 구별되기 때문에, 아이에게 이혼이라는 개념이 존재하지 않고 이혼에 대한 상처도 아직 없습니다. 이혼하고 따로 사는 부모일지라도 아이가 태어나기 전에 감정을 정리해, 의식적으로나마 아이와 함께 있는 상황에서 즐겁고 행복한 가정의 모습을 보여주는 역할을 한다면, 태아시절 이혼을 겪은 아이의 상처를 줄여 줄 수 있을 것입니다.

이혼 적합성 테스트 :

이혼을 하고도 잘 살 수 있을까?

이혼을 하고 싶은 마음은 굴뚝같은데, 정작 이혼을 하지 못하는 경우가 있습니다. 상담을 해보면 이혼을 어떻게 진행해야 하는지도 모르겠고, 이혼을 하고 홀로 잘 살 수 있을지 확신도 서지 않는다는 이야기를 많이 합니다.

마음의 준비는 되어 있지만 이혼이란 법적으로 혼인관계를 해소하는 과정이기에 멀고 어렵게 느껴지는 것도 사실입니다. 또한 변호사를 선임해야 하는지, 어떤 서류가 필요한지, 시간은 얼마나 걸리는지, 아이가 있을 경우에는 어떻게 되는지, 재산은 어떻게 나누어지는지에 대한 정보가 없기 때문에 이혼 자체를 어렵게 생각하는 경우가 많았습니다.

필자도 법적인 지식이 없어 법조계에 있는 친구들에게 자문을 구하기도 하였고, 인터넷으로 정보를 찾기도 했습니다. 하지만 정작 내 사례에 맞는 답을 구하기도 어렵고 경우에 따라서는 "그 정도의 일로는 이혼이 어렵다."는 대답을 듣기도 하였습니다. 그래서 마음만 먹었던 이혼을 실행하기까지 무려 4년의 시간을 보내야 했습니다.

지금 생각하면 그 시간이 가장 아깝습니다. 젊은 20대에 좀 더 가치 있는 일에 그 4년간 낭비했던 에너지를 썼으면 좋았을 텐데, 그동안 연애라도 했으면 좋았을 텐데 하는 후회 말입니다. 필자가 이 책을 기획하면서 법조인과 함께 쓰면 좋겠다는 생각을 하게 된 이유입니다. 그리고 이왕이면 이혼 사건을 담당한 경험이 있으면서 본인 역시 이혼에 공감하기 위해서는 이혼을 경험해 본 법조인이었으면 하는 생각이 들었습니다. 또한 여성의 이혼만 다루기엔 한계가 있어서 이혼한 남성 법조인도 함께 이 책을 집필하게 되었던 것입니다.

'과연 나는 이혼하고도 잘 살 수 있을까?'라는 생각이 끊임없이 들 것입니다. 이 책을 쓴 필자들 역시 다르지 않았습니다. 이혼은 쉬운 듯 보이면서도 막상 실행하려면 굉장히 많은 정신적, 육체적 에너지가 소요되는 일입니다. 이혼을 마음먹고 진행하면서도, 과연 잘 한 결정인지 갑자기 두려워지는 마음도 불쑥불쑥 솟아납니다.

그래서 여러분들의 고민을 조금이라도 덜어드리고자, 과연 나는 이혼하면 잘살 수 있는 사람일지 알아보기 위한 테스트를 준비하였습니다. 현명한 선택을 하시길 바라며, 이 책이 여러분들의 결정과 실행 과정에 조금이라도 도움이 되시기를 바랍니다.

이혼적합성 테스트[1]

전혀 그렇지 않다 (1), 그렇지 않다 (2), 보통이다 (3)
동의한다 (4), 매우 동의한다 (5)

1. 나는 다른 사람으로부터 인정받는 것에 크게 영향을 받지 않으며, 다른 사람이 나를 거부할지라도 상처를 크게 받지 않는다.
2. 나는 갈등을 크게 두려워하지 않기 때문에 누군가 나를 함부로 대하게 되면 가만히 있지 않는다.
3. 나는 여가생활을 즐기거나 갖고 싶은 것을 살 수 있을 만큼의 경제력이 있다.
4. 나는 혼자 있는 시간이 두렵다기보다는 즐기는 편이다.
5. 나는 내 외모에 만족한다.
6. 나는 나의 건강에 대해 자신이 있다.
7. 나는 부모님과 화목하게 지내며 부모님은 나를 인정해 주신다.
8. 나는 마음에 통하는 친구가 많이 있다.
9. 나는 특정한 분야에서 능력을 인정받고 있다.
10. 나는 내가 살아온 삶에 대해 자랑스러움을 느낀다.
11. 나는 지금까지 내가 추구하는 삶을 살아왔다고 생각한다.
12. 나는 나의 일에 만족하며 성취감을 느낀다.
13. 나는 나의 성장을 위해 꾸준히 노력하며 열정이 있다는 소리를 많이 듣는다.
14. 나는 종종 봉사활동을 하며 남을 돕는다.
15. 나는 타인의 눈치를 보지 않는다.

60점 이상 : 이혼 후 굉장히 만족하고 행복한 삶을 유지한다.
40~60점 : 이혼 전보다 이혼 후에 더 행복할 가능성이 크다.
20~40점 : 이혼을 하나 안 하나 큰 차이가 없으므로 이혼을 권하지 않는다.
20점 이하 : 이혼을 하더라도 지금과 별반 다르지 않게 행복하지 않을 수도 있기에 현재 결혼생활을 개선하길 권한다.

1). 나는 이혼하면 잘살 수 있는 사람일까? Ryff, C. D., & Keyes, C. L. M., 1995, 'The structure of psychological well-being revisited, Journal of Personality and Social Psychology, 69' 연구를 참고하여 척도를 개발하였습니다.

CHAPTER. 4

헤어지고 더 행복한 돌싱

행복은 저축하는 것이 아니다.
　　미루지 말고 지금 바로 하라!

　이혼을 해서 지긋지긋한 결혼생활로부터 비로소 해방되었다고 가정해봅시다. 이제 행복한 날들만 기다리고 있다고 기대하고 계신가요?
　그렇다면 곧 실망할 수밖에 없습니다. 어쩌면 더 아득한 나락으로 떨어지게 될 수도 있으니까요. 행복은 공짜가 아니며 저절로 얻어지는 것이 아니기 때문입니다.
　불행한 결혼생활로부터 벗어났다고 해서 행복이 보장되고 저절로 찾아오는 것은 아닙니다. 그러면 어떻게 해야 만족스러운 삶을 만끽할 수 있을까요? 행복해지기 위해서는 부단히 노력해야 합니다.

　커리어우먼인 A의 경우, 이혼을 한 이후에야 너무 어린 나이에 결혼을 해서 즐기지 못했던 일들을 해보기로 결심합니다. 해외에 나가서 살아 보고, 그간 소홀했던 친구들도 많이 만나고, 밤문화도 즐겨보기로 합니다. A는 다양한 곳에서 여러 부류의 사람들을 만나보던 중, 카우치서핑(couchsurfing.com)이라는 사이트를 통해 외국인 친구들의 집을 방문하게 되었고 다양한 문화의 관점에서 본인의 상황을 어떻게 보는지에 대해 판단해보기로 합니다.

당시 A는 이혼을 하는 과정에 직장도 잃은 상황이었습니다. 이혼에 많은 신경을 쓰다 보니 직장생활에 소홀했던 탓이었지요. A는 혼자만 불행하다고 느꼈고, 회사에 다니며 잘 살고 있는 사람들과 함께 있는 것만으로도 스트레스를 받곤 하였습니다. 그러던 중 카우치서핑을 알게 되었고, 이를 통해 세계 각국의 사람들의 집 소파에서 잠을 청하며 그들의 언어와 문화와 가치관에서 본인의 상황을 어떻게 볼 것인지도 궁금하여, 한번 떠나보기로 하였던 것입니다.

우선 A가 처해 있는 사정을 전혀 모르는 사람들에게 (웹페이지 상으로 안전을 보장해 주는 제도가 있어서 안심하고 갈 수 있습니다.) 자신의 상황에 대해 이야기를 해보니 각 나라별로 다양한 반응을 보였습니다. 몇 달 동안 그런 경험을 하면서, 자신이 겪은 일을 다양한 각도에서 해석할 수 있다는 사실과 이혼이 자신의 잘못이 아니라는 것, 그저 한 번쯤 할 수도 있는 인생의 실수(엄밀히 말하면 이혼이 아니라 잘 안 맞는 배우자와 결혼을 했었던 것이 실수)라는 점을 깨닫게 되었습니다. 그리고 점점 행복해지는 법을 터득해 나가기 시작하였지요.

아무런 대책도 없이 훌쩍 떠났던 여행이 끝날 무렵, A는 더 좋은 회사에 취직하게 되었고 힘들었던 과거의 일은 모두 전화위복이 되었습니다. 그리고 힘든 시기에 지혜를 나누어 주었던 사람들을 자신의 카우치에 초대해 한국 음식도 해 주고 여기저기 여행 안내도 해 주었습니다. 일종의 은혜를 갚고자 한 셈이지만, 사실 A는 평생 갚아야 되는 귀중한 교훈을 그들로부터 얻었다고 생각합니다.

소위 잘나갔던 전문직 남성 B는 이혼을 통해서 '나는 어떤 사람인지, 어떤 사람이 되기를 원하는지, 어떤 사람이 되어야 하는지'에 대해 생각해볼 기회를 가졌다고 하였습니다. 사람들은 어떤 사람을 좋아하는지, 특히 여자는 어떤 남자를 좋아할지에 대해 고민하는 시간도 갖게 되었지요. 결혼을 앞둔, 그렇지 않더라도 인간이라면 누구나 한번쯤 고민해 보아야 할 주제임에도, 30년 넘도록 한 번도 그런 생각을 해보지 않았다는 사실에 스스로 놀랐다고 합니다. "나는 비록 이혼하였지만, 과거의 나 자신보다 더 나은 사람이 되어야겠다."라고 다짐을 하면서, 일 때문에, 바빠서 엄두를 내지 못했던 책들도 읽어보고, 혼자서 혹은 친구들과 어울려 여행을 하면서 앞으로 어떻게 살아야 할지 깊이 생각해보는 기회를 가졌다고 합니다.

이러한 노력이 과연 그의 인생에 어떤 영향을 주었을까요? 그는 "그런 생각을 했다는 것만으로도 가치가 있었고, 그만큼 더 나은 사람이 되었다."라는 결론을 내렸습니다. 그래서일까요? 시간이 흘러, 그는 어떤 여자를 만나도 잘 지낼 수 있을 것이라는 자신감이 생겼고, 대화를 이끌어나가는 기술도 조금은 얻었다고 합니다. 그리고 심사숙고한 끝에 재혼을 해서 사랑하는 자녀까지 덤으로 얻었습니다.

촉망받는 전문직 여성 C는 이혼을 하고 그동안 소홀했던 일에 전념하면서 독립된 공간을 마련해 혼자만의 가치 있는 시간을 만들기 위해 노력하였습니다. 항상 남편을 챙겨주기 바빴던 그녀는 이제 홀가분하게 혼자만의 사업을 구상하고 있으며, 집안일 대신 책을 읽으며 소소한 행복을 만끽하고 있습니다.

사업은 번창하고 있고, 배우자 때문에 불필요하게 소모했던 정신과 시간을 온전히 업무에 전념하게 된 대가로 얻은 경제력을 바탕으로 성취감을 느끼며 잠시 잃었던 평온과 행복을 되찾았습니다.

C는 결혼생활로 인해 하지 못했던 일을 해보거나, 성취하고, 자신을 되돌아봄으로써 행복을 얻게 되었지만 가만히 그 자리에 머물러 있기만 했다면 결코 아무것도 얻을 것이 없었을 것입니다.

반드시 능동적으로 행복을 찾아야 합니다. 나는 어떻게 하면 행복해질 수 있는지, 즉 나는 어떤 사람이고 내가 바라는 나는 어떤 사람인지를 끊임없이 탐구하고 연구해야 합니다. 그리고 그 방법대로 한번 지금 바로 실행해보시기 바랍니다. 어학연수를 가고 싶으셨던 분들은 과감히 어학연수를 가보시고, 클럽에 가서 하룻밤을 즐기고 싶으신 분들은 과감히 이번 주 금요일에 클럽으로 달려가시기 바랍니다. 그동안 하지 못하신 것들, 참아야 했던 것들을 풀어보시기 바랍니다. 이제 행동으로 옮길 때입니다.

이별을 위한 마음준비

이혼한 이후에도 잘 살아갈 수 있을까? 왜 나에게만 이런 시련이 생긴 것일까?

이혼을 눈앞에 둔 상황에서는 도대체 누가 이 여자, 이 남자와 결혼하라고 내 등을 떠밀었을까? 세상이 다 원망스러울 것입니다. 괜히 애꿎은 부모님 탓, 조상 탓으로 돌리고 싶어지기도 합니다.

사실 내게 닥친 불행을 남의 탓으로 돌리는 것은 제일 속편한 일입니다. 나는 아무런 잘못을 하지 않았거나 내 잘못은 아주 적은데 상대방이 너무나도 못살게 굴어서 결국 내 인생이 이렇게 되고 말았다는 식으로 잘못을 떠넘기면, 내가 잘못해서 이혼하는 것이 아니라는 안도감 내지 자기 위안을 얻을 수 있습니다.

그러나 이러한 자기 위안으로는 지나온 결혼생활을 온전히 바라보기 어렵습니다. 아마도 부부가 함께 상담사를 찾아가서 각자가 느낀 결혼생활에 대하여 이야기를 하다보면 아마도 깜짝 놀랄 겁니다. 어쩜 그렇게 부부가 서로 다르게 생각하고 있었을까요?

서로 자기 입장에서만 바라보았기 때문입니다. 본인 스스로 자신의 잘못을 인정하려면 대단한 용기가 필요합니다. 현재의 상황을 극복할 수 있다는 자신감도 있어야 하고, 이혼하더라도 지옥 끝, 나락으로 떨어지지 않으리라는 자기 확신도 있어야 하기 때문입니다. 더구나 상대방의 입장에서 결혼생활을 바라볼 수 있을 만큼 통찰력도 있어야 합니다. 그래야 나의 어떤 모습으로 인해 상대방이 힘들어 했는지를 이해할 수 있습니다.

이혼을 하는 이유는 단순히 현재 상황에서 벗어나기 위함이 아닙니다. 쉽게 생각해서, 단지 현재 상황에서 벗어나는 것이 목적이라면 옷가지를 싸들고 집을 나가서 연락을 끊으면 됩니다.

그러나 단순한 현실 도피가 아니라 이혼한 후에 더 나은 삶을 살고자 한다면 나와 내 주변 상황을 좀 더 객관적으로 바라보고 그 상황 자체를 수용할 수 있어야 합니다. 나는 이제 배우자와 돌이킬 수 없을 정도로 마음이 돌아섰다는 사실을 받아들여야 합니다. 배우자와 마음이 갈라선 계기는 무엇인지, 내가 용납할 수 없는 상대방의 단점은 무엇인지(예를 들어, 외박을 한다거나 술버릇이 나쁘다거나 과도한 낭비를 한다는 등)를 되새기면서 단지 분노하는 것으로 그칠 일이 아닙니다.

상대방의 단점에 대해서 나는 어떤 반응을 보였는지, 혹시 내 잘못으로 인하여 배우자가 그런 식으로 화풀이를 하는 것은 아닌지, 내가 싫어하는 행동을 하는 배우자에게 그렇게 행동하지 말라고 요구하는 방식은 적절했는지, 어쩌면 내가 먼저 잘못한 것은 없었는지…. 다시 한 번 생각해보시기 바랍니다. 마치 매직아이처럼 어느 순간 내 잘못이 떠오르고 상대방에게 미안한 마음이 들게 될지도 모릅니다.

  이혼을 눈앞에 두고 잘잘못을 가리는 일은 참 어렵습니다. 마치 톱니바퀴처럼 내 행동이 상대방의 행동을 만들고, 상대방의 행동이 그 다음 나 자신의 반응을 이끌어 내기 때문에, 결혼생활이 오래 지속된 기간만큼 애초에 누구의 잘못못 때문에 이런 상황이 되었는지 가릴 수 없게 됩니다. 다만 이혼은 누구의 잘못이 '조금 더' 큰지, 혼인을 파탄시킨 '주된' 책임이 누구에게 있는지를 가리는 과정일 뿐이라는 것입니다.

내 행복의 근원 :
자신을 사랑하는 마음, 자존감을 높이자!

 행복해지기 위해서는 자기 자신을 사랑하는 것이 가장 중요합니다. 이혼을 하고 하지 않고를 떠나 행복을 결정하는 가장 큰 요소는 자기 자신을 얼마나 사랑하느냐 하는 것입니다.
 자신을 사랑하는 일은 쉬운 것처럼 보이지만 사실은 매우 어려운 일입니다. 어떤 상황에서도 자기 자신을 사랑할 수 있는 태도는 모든 역경으로부터 헤어 나올 힘을 줍니다. 상황이 좋거나 나쁘거나, 무언가를 성취했는가에 따라 자신을 평가하는 것과는 다르지요.
 이혼이라는 이벤트는 아직까지 우리 사회에서 부정적 낙인으로 통하기 때문에 이혼을 겪은 사람들은 자존감이 떨어지기 쉽습니다. 그러므로 자기 자신을 사랑할 줄 아는 사람은 이혼을 하더라도 자신에 대한 존중감이 떨어지는 것을 막아줍니다.

 필자는 학창시절 큰 말썽 없이 공부만 열심히 하는 모범생이었습니다. 그리고 눈에 띄는 실패를 경험하지 않고 20대 후반으로 달려갈 무렵, 이혼이라는 결정을 하게 됩니다. 부모님은 딸의 이혼에 매우 부정적이었고, 이혼 그 자체를 실패한 인생으로 규정하시는 듯했습니다.

필자는 이혼을 통해 스스로 성공하고 해냈다는 성취감, 굴레로부터 벗어났다는 해방감을 만끽하던 참이었습니다. 그러나 부모님이 나를 실패자 취급하는 환경에서 지내다보니 점점 자신감이 떨어지기 시작하였습니다.

자존감 하락의 절정은 친척의 결혼식이었습니다. 필자에게 왜 남편과 함께 오지 않았느냐고 물어보는 먼 친척의 물음에 필자의 어머니는 "요즘 일이 바빠서 참석하지 못했다."고 거짓말을 둘러대시더군요.

필자는 마치 이혼이라는 큰 죄를 숨기고 살아야 하는 못난 딸이 된 것 같아서 서글퍼졌습니다. 그 뒤로 어디를 가도 필자의 이름이나 성취했던 것들보다 '이혼녀'라는 낙인을 더 걱정하였고, 심지어 자존감을 높여줄 수 있는 성공을 성취하는 경험에 있어서도 사람들은 '저렇게 독하니까 저걸 해냈지, 저러니 이혼하지.'라는 생각을 할 것 같은 착각까지 하게 됩니다.

'이혼 때문에 힘들다.'는 경우를 상담해 보면, 결국 이혼 그 자체 때문이 아니라 이혼에 대한 본인의 생각이, 이혼을 한 본인을 판단하는 스스로의 잣대가 내 자신을 불행하게 만든다는 것을 알 수 있습니다.

사실 이혼을 고려하는 여러분은, 또한 이혼을 해내고 계신 여러분은 굉장히 대단한 존재입니다. 많은 경우 사람들이 행복해서 결혼생활을 유지하는 것이 아니라 용기가 없어서, 이혼할 에너지가 없어서 지레 포기하고 체념하고 사는 경우가 많습니다. 그에 비해 이혼이라는 큰 이벤트를 준비하시는 여러분들은 최소한 그런 사람들보다는 본인의 삶을, 남은 미래를 더 사랑하는 분들입니다.

따라서 기죽을 이유가 전혀 없습니다. 이혼이라는 어려운 결정과 과정을 묵묵히 실행하고 있는, 행복을 위해 한걸음 나아가고 있는 자신의 모습을 있는 그대로 받아들이고, 사랑하고, 응원해 주면 됩니다.

그럼 어떻게 하면 자기 자신을 사랑할 수 있을까요? 자기 자신을 사랑하는 특별한 방법이 있을까요? 필자는 이혼을 하고 자존감이 한창 떨어졌을 시기에 이런 말을 한 적이 있습니다.

"바닥까지 떨어지면 올라갈 일만 남은 줄 알았는데, 바닥 아래 끝도 없는 지하도 있는 것 같다. 아마도 나는 지구 멘틀을 지나 핵까지 떨어질 것 같은 마음이다."

하지만 이런 필자도 약간의 시간이 흘러 다시 자존감을 회복하였고, 현재는 이혼까지 해낸 대단한 마인드의 소유자라는 자부심마저 가지게 되었습니다. 그 용기로 책까지 써보자는 생각을 하였고 실행에 옮기고 있습니다. 필자가 자존감, 즉 나를 사랑하는 데 도움이 되었던 방법 몇 가지를 소개합니다.

첫째, 나의 자존감에 해가 될 만한 사람들과 이야기하거나 직접 만나는 것을 피하는 것입니다. 이혼할 예정이라는 사실을 털어놓게 되면 생각보다 다양한 반응을 만나게 됩니다. "잘 생각했다. 네가 행복한 게 제일이다. 이런 마음먹기까지 그동안 얼마나 힘들었니."라고 위로를 해주는 사람들도 있는 반면에, "네게도 문제가 있다. 다들 맞춰가면서 산다. 네가 참을성이 없고 커리어 욕심이 너무 많아서 그렇다. 내가 보니, 너는 상대방(특히 남자) 기를 죽이는 경향이 있다. 이혼하면 이혼녀, 이혼남으로 살아야 하는데 편견 때문에 살기 어렵다."라고 부정적으로 말하거나 혹은 이혼하는 나에 대해 부정적으로 말하는 사람들도 있습니다. 설사 그들의 말이 맞다고 하더라도, 웬만하면 그런 사람들은 피하는 것이 좋습니다.

결국 사람들은 끼리끼리 모이게 됩니다. 나와 비슷한 성향을 가진 사람들과 어울리며 행복함을 저축하는 것이 행복한 삶의 지름길입니다. 심리학 연구 중에, 행복한 삶을 위해서는 어울리는 사람들이 중요하다는 연구가 있습니다. 구체적인 연구를 살펴보면 나를 즐겁게 해 주고 긍정적으로 해 주는 사람을 많이 만드는 것보다 더 중요한 것은, 내 마음을 힘들게 하고 어렵게 하는 사람과 끊는 것이 주관적 안녕감(subjective wellbeing)[1]을 높인다는 것입니다.

이와 마찬가지로 로마 트레비 분수에는 유명한 전설이 있습니

---

[1] 상황과 상관없이 내 자신이 주관적으로 느끼는 특별한 사건이 없는 편안한 상태. 현대 심리학에서 행복의 정의로 많이 쓰이고 있다.

다. 동전을 던져서 한 번에 트레비 분수 조각상 위에 올리는 데 성공하면 다시 로마로 돌아온다는 전설입니다. 그런데 두 번 성공하면 사랑하는 사람과 사랑이 이루어진다고 하고, 세 번을 성공하면 싫은 사람과 연이 끊어진다고 합니다. 그만큼 보기 싫은 사람, 나의 정신건강에 해가 되는 사람을 끊어내는 것은 어렵고도 중요한 일이라는 뜻입니다. 과감하게 정리함으로써 나를 작아지도록 만드는 사람들을 멀리 하십시오.

둘째, 매일매일 내 자신을 향해 잘한 일이나 오늘의 감사 일기를 한 줄씩 적는 것입니다. 단 한 줄일망정 이런 시도가 가지고 있는 위력은 대단합니다. 아주 간단한 것이라도 좋습니다. '오늘 밤에 야식이 먹고 싶었지만 참은 내 자신이 너무 기특하다.' 라든지, '약속에 늦을 뻔 했는데, 버스가 바로 와 줘서 너무 감사하다.'와 같은 아주 사소한 것도 괜찮습니다. 사소한 것들이 모여서 일상의 행복을 만들어내고, 이것은 나를 다시 사랑할 수 있는 에너지를 생성하게 됩니다.

셋째, 어떻게 해도 마음이 힘들어서 극복하는 게 어렵다고 하시는 분들께서는 일단은 그 힘든 시간을 그냥 최대한 빨리 넘기시라는 조언을 해드리고 싶습니다. 살다보면 긍정적으로 생각하기 어려운 시점도 있고, 그렇게 생각하려고 노력하는 에너지조차 생기지 않는 경우가 많습니다. 필자가 힘들었던 시기에 친했던 언니는 이렇게 말해주었습니다.

"애써 이겨낼 필요 없다. 애써서 좋게 생각할 필요 없다. 시간이 지나면 다 극복이 된다. 그러니까 일단은 시간을 보내라."

언니는 그러면서 매번 시리즈로 된 만화책을 빌려다 주었습니다. 하루 종일 만화책을 읽다가 자고, 일을 조금하고, 그렇게 폐인같이 보내다보니 어느덧 조금 회복이 되었고, 힘이 생기고, 다시 나를 사랑할 수 있는 에너지를 생성하게 되었습니다.

나 자신을 사랑하는 것은 남이 대신 해 줄 수 없습니다. 아무리 돈이 많고 뛰어난 외모를 가지고 있더라도, 정작 나 스스로 나를 사랑해 주지 않으면 행복해지기 어렵습니다. 반면 가진 게 많지 않아도, 힘든 상황에 놓여 있더라도 자신을 믿고 사랑해 줄 수 있다면 행복한 삶을 누릴 수 있습니다.

이혼 사실은 어떻게 알려야 할까요?

  정도에 따라 다르긴 하지만 이혼을 결정한 사람들은 일정 부분 대인기피증과 같은 증세를 보이곤 합니다. 필자도 상담을 하면서 이혼 후 모임에 나가거나 새로운 사람들을 만나는 것을 꺼리는 사람들을 많이 보았습니다. 이혼을 했다는 사실이 부끄러운 일도 아니고, 다른 사람들에게 폐를 끼치는 일도 아닌데 말이죠.
  세상이 많이 열리고 이혼이 흔한 일이 되었다고는 해도 아직은 이혼남, 이혼녀라는 시선이 따갑게 느껴질 때가 많습니다. 이처럼 이혼을 했다는 사실을 먼저 당당하게 말하기 어려운 분위기에서 지내다 보니 사람들이 모이는 자리에서 나와 배우자의 근황을 묻거나 자녀 문제를 물을 때 참 곤혹스럽습니다. 사람들을 만나는 자리에서는 결혼 여부에 대하여 스스로를 어떻게 소개해야 할지 곤란한 경우가 종종 발생합니다. 그리고 그런 상황들이 두렵다보니 자연스럽게 사람들을 피하게 되지요.
  우리는 주변에 이혼했다는 사실을 언제, 어떻게 공개해야 할까요?

필자는 이혼이 자랑스러운 일은 아니지만, 부끄러울 일도 감춰야 할 일도 아니라고 생각했습니다. 그래서 사람들과의 모임이나 만남을 피하지 않았습니다. 일부러라도 주변 사람들에게 '이혼을 하고도 이렇게 행복하게 잘 살고 있다.'는 모습을 보여주고 싶기도 했고, 또한 지인들이 다른 사람들로부터 이혼 사실을 전해 듣고는 왈가왈부하며 뒷말을 하는 것이 싫었기 때문에 오히려 필자가 먼저 직접 상황을 설명하는 것이 낫겠다 싶었습니다.

이제 와서 돌이켜 보더라도 빠른 시일 내에 주변 사람들에게 직접 이야기한 것은 잘한 일이라고 생각합니다. 필자의 솔직한 이야기로 주변 사람들은 오해 없이 나의 상황을 받아들였고, 눈치 없는 말과 행동으로 나를 곤란하게 하지 않았으며, 그 덕분에 어색함 없이 이전의 친밀했던 관계가 유지될 수 있었습니다.

필자는 새롭게 만나게 되는 사람들에게도 이혼 사실을 말하곤 합니다. 그들의 속마음까지는 꿰뚫어 볼 수는 없지만, 대부분은 오히려 필자의 솔직함에 친밀감을 느낀다고 했고, 종종 좋은 사람이 있다며 소개하고 싶다는 말도 했습니다.

이혼 사실을 언제, 어떻게 알려야 하는가에 대한 정답은 없습니다. 우리의 성향과 주관에 따라서 달라질 것이고, 각자 처해 있는 주변 환경에 따라서도 달라질 것입니다. 다만 주변 사람들을 계속해서 피하기만 하는 것은 우리에게 어떠한 도움도 되지 않는다는 점만은 분명합니다.

필자와 가깝게 지내는 한 언니는 이혼을 한 뒤 스스로 패배자라고 생각하고는 주변 사람들과의 만남과 연락을 계속해서 피하기만 하였습니다. 결국 언니의 사정을 모르고 오해만 쌓여 주변 사람들은 모두 멀어져갔고, 나중에 사실을 알게 된 때에는 안타깝게도 이미 사이가 너무 멀어져 서먹서먹해진 뒤였습니다.

우리는 이혼을 통해 배우자와의 관계를 정리했을 뿐입니다. 그로 인해 다른 주변 사람들과의 관계까지 망치거나 사적으로든 공적으로든 힘들게 쌓았던 소중한 사람들을 잃어버려서는 안 됩니다.

우리는 힘들게 이혼을 했고 스스로 당당하게 이혼을 받아들였습니다. 이런 우리가 주변 사람들에게 이혼 사실을 부끄러워하거나 죄인처럼 숨겨야 할 이유는 전혀 없습니다. 우리가 주변 사람들에게 당당할 때 주변 사람들도 어떠한 오해나 편견 없이 우리의 상황을 받아들이게 되고, 그 바탕으로 이전의 좋았던 관계를 계속 유지할 수 있습니다.

혹시나 우리가 이혼했다는 이유로 거리를 두거나 뒷말을 하는 사람이 있다면 이 기회에 끊어버리십시오. 그리고 애초부터 우리에게 아무런 의미도 없었던 사람을 위해서 더 이상 감정과 시간 낭비를 하지 않게 된 것에 감사해야 합니다.

미성년 자녀를 위한 마음 챙김

우여곡절 끝에 이혼을 결심한 본인은 물론 힘들겠지만, 부모의 이혼을 지켜보아야 하는 자녀 역시 표현하기 어려운 마음의 상처를 받게 됩니다. 20년 이상 결혼생활을 한 부부들이 갈라서는 '황혼이혼'이 전체 이혼의 30%에 달합니다. 이렇게 오랜 시간 결혼생활을 유지하다가 뒤늦게 이혼하는 것이 다소 이상하게 보일 수도 있으나, 사실 이런 분들은 이혼이 아직 어린 자녀에게 상처가 될지 모른다는 이유로 자녀가 대학에 진학한 이후 또는 결혼한 이후까지 이혼을 미루고 있었다는 해석이 더욱 설득력 있습니다.

결혼이든 이혼이든 자신이 결정한 일이기 때문에 본인은 일상을 지내다 보면 언제 그랬냐는 듯 이혼 과정의 어려움을 극복할 수 있습니다. 그러나 자녀는 아무것도 스스로 결정하지 못했습니다. 자녀가 어릴 때 엄마와 아빠는 자녀의 하늘이나 마찬가지입니다. 하늘이 둘로 갈라진다는 표현이 어울릴 것입니다. 더구나 부부 사이에서는 갈등이 있더라도 아빠와 아이, 엄마와 아이 사이에서는 별다른 문제없이 지냈을 수 있기 때문에 부모의 이혼은 자녀에게 그야말로 날벼락과 같은 충격일 수 있습니다.

따라서 부모가 이혼하는 과정에서 자녀에게 미칠 부정적인 영향을 줄이려면 부모가 자녀와 함께 이혼을 준비하여야 합니다. 아무리 어린 아이들이라 할지라도 부모가 이혼하는 과정에서 상처를 받기 마련입니다. 아이들은 부모의 이혼에 대해 처음에는 충격과 우려 그리고 분노의 반응을 보입니다. 평소에 부모님의 불화를 알고 있다고 하더라도 충격이 줄어들지는 않습니다. 아이들은 두려움과 실패감을 경험하고, 부모에게 이혼하지 말라고 애원하기도 합니다. 또한 부모의 이혼 자체를 받아들이지 못하고 회피하기도 합니다. 부모가 자신의 걱정은 알아주지 않는다고 느끼며 소외감을 느끼기 마련입니다.

따라서 이혼을 하는 과정에서, 그리고 이혼을 한 뒤에 내 아이에게 신경을 쓰는 것은 매우 중요합니다. 아이들은 생각보다 더 많은 것들을 느끼고 판단하기 때문입니다.

이혼한 가정의 아이들은 큰 변화를 경험합니다. 부모의 이혼을 겪은 아이들은 부모에 대한 신뢰가 줄어들게 됩니다. 또한 부모가 겪는 슬픔이나 불행에 대하여 걱정하기 시작합니다. 7세 이전의 아동들은 아직 현실적인 사고가 체계화되지 않아서 자기 때문에 부모가 이혼했다는 죄책감을 가지기도 하는데, 이것은 같이 사는 부모에게 공격성으로 나타나기도 합니다.

7세~9세의 아동들은 부모의 이혼에 대해 슬픔을 표출할 수 있을 만큼 현실적이지만 아직 두려움이 과장된 형태로 나타나지요. 이 시기의 아이들은 부모가 아이 앞에서 우호적인 모습을 보여주면 부모님이 재결합할 것이라고 착각하기도 합니다.

10~13세의 아동들은 좀 더 침착하고 현실적이나, 여전히 부모의 이혼을 받아들이지 못하고 상심합니다. 머리로는 이혼이 본인들의 잘못이나 부모의 잘못이 아니라 하나의 사회현상이라는 것을 이해하면서도 자신의 부모님이 이혼했다는 사실에 대한 수치심은 줄어들지 않습니다. 경우에 따라서는 일탈 행동을 하기도 합니다.

청소년기의 아이들은 부모의 이혼을 이성적으로 받아들일 수는 있지만, 나중에 본인이 결혼생활을 잘 해낼 거라는 기대가 줄어들기도 하며 독신을 고집하기도 합니다.

이와 같이 이혼 전과 후의 아이들의 심리상태는 절대로 같을 수 없습니다. 따라서 부모는 아이들의 심리상태에 대하여 계속해서 관심을 기울여야 합니다. 아이들과 많은 대화를 시도하고, 자녀 때문에 이혼한 것이 아니라 부모 스스로 더 행복해지기 위한 어쩔 수 없는 결정이었음을 알려야 합니다. 특히 이혼하기 전이나 후에 자녀 앞에서는 다음과 같은 것을 조심해야 합니다.

첫째, 아이 앞에서 죽고 싶다는 말은 결코 해서는 안 됩니다. 아이들은 죄책감을 가지게 되고 심한 두려움과 불안함을 가질 수 있습니다. 아직 아이들은 성인의 사고만큼 인지적으로 발달하지 않았기 때문에 부모가 혹시 자살할지도 모른다는 강한 두려움을 갖게 되기 때문입니다.

둘째, 부모의 이혼에 대하여 아이가 솔직하게 본인의 의사를 밝혔을 때 부모가 근심하는 태도를 보여서는 안 됩니다. 아이들은 이혼을 하지 말라고 매달리는 경우가 많습니다. 아이에게는 좋은 엄마, 좋은 아빠이기 때문에 엄마와 아빠가 따로 떨어져 사는 것 자체가 아이들 또래 집단에서는 수치스럽게 느끼거나 좌절감을 갖게 될 수도 있습니다. 이럴 경우 부모가 근심 걱정하는 태도를 보이면, 아이들은 부모 앞에서 자신의 감정을 숨기게 됩니다. 따라서 아이들이 이야기를 할 때 부모가 지나치게 걱정하는 모습을 내색해서는 안 됩니다.

셋째, 아이 앞에서 울지 않도록 노력해야 합니다. 아이들은 부모가 절대적인 존재라고 생각하고 롤모델이라고 생각합니다. 그런 부모가 우는 모습을 보인다면 자신을 지켜주는 방패막이 사라졌다고 생각하게 됩니다. 이 세상에 혼자 남았다는 생각이 들며 부모가 자신을 지켜줄 수 없다는 마음이 들면 불안함이 커지게 되고, 이는 사회적 부적응으로 나타나기도 합니다. 따라서 부모는 아이 앞에서 우는 모습을 보여서는 안 됩니다.

넷째, 아이들은 대체로 부모의 이혼 이야기를 먼저 꺼내는 것을 두려워합니다. 눈치는 채고 있지만, 차마 먼저 꺼내지 못하는 경우가 많습니다. 이혼과 관련된 이야기는 부모가 먼저 꺼내주길 바랍니다. 따라서 확실하게 이혼을 하게 될 경우에는 자녀의 연령에 따라 잘 알아들을 수 있도록 먼저 설명을 해 주는 것이 좋습니다.

7세 이전의 아이들에게는 아이의 걱정거리와 부모가 별거하게 된 이유에 대해 나름대로 가지고 있는 생각을 표현하도록 도와주는 것이 중요합니다. 또한 7~13세의 아이들에게는 부모는 여전히 자녀들을 사랑하며 이혼 과정에 있어서, 혹은 이혼 극복 과정에 있어서 계속해서 보호해 줄 것이고 사랑해 줄 것이라는 확신을 심어주어야 합니다.

청소년기의 자녀에게는 가정의 재정적 문제와 책임 증가, 그리고 생활 여건이나 주거지의 변화와 같은 표현되지 않는 걱정거리에 대하여 자녀가 혼자 고민하지 않도록 안심시켜야 합니다.

다섯째, 아이들에게 부모가 재결합 할지도 모른다는 헛된 희망을 주어서는 안 됩니다. 물론 간혹 아이 때문에 이혼 후 재결합을 하는 경우가 있습니다. 하지만 아이들에게 엄마 아빠가 잠시만 따로 산다든지, 혹은 일시적으로 출장을 간다든지 하는 이유로 미래의 시점에 다시 재결합할 것이라는 희망을 주면, 아이들은 이후 더 크게 실망하고 부모에 대한 신뢰를 잃게 됩니다. 솔직하게 이야기를 해 주는 것이 좋습니다.

아이를 양육하지 않는 부모라 하더라도 아이에게 사랑을 주며 아이를 사랑하지 않아서가 아니라 부모의 다른 사정으로 이혼하게 되었고, 이혼과는 무관하게 부모의 사랑은 변하지 않으리라는 믿음을 주어야 합니다. 자녀 앞에서 상대편 배우자의 험담을 하지 않고, 변함없이 사랑한다고 표현해야 합니다.

부모의 이혼을 겪은 아이들이 더 속이 깊고 배려심이 많은 경우를 볼 수 있습니다. 필자 주변에는 초등학교 5학년 때 부모님의 이혼으로 힘든 시기를 겪었지만, 부모님의 사랑을 많이 받아 기죽지 않고 학교생활도 모범적으로 해내며 얼마 전에 행복하게 결혼한 친구가 있습니다. 부모님의 이혼을 보고 결혼을 신중히 결정하였으며, 노력하는 결혼생활로 행복한 가정을 유지하고 있는 것을 보면, 부모님의 이혼이라는 사건이 꼭 모두에게 부정적인 영향을 미치지는 않음을 입증합니다.

필자의 부모님은 매우 행복한 가정을 꾸리시고 잉꼬부부라 칭송받는 결혼생활을 유지하고 계십니다. 하지만 필자의 형제들이 결혼, 그리고 행복한 결혼생활의 유지에 대해 지나치게 쉽게 생각하고 큰 고민 없이 결혼적령기에 적당한 사람들과 결혼을 하였다가 부모님과는 다른 결혼생활에 당황하고 실망하며 이혼을 경험하게 되었던 것을 보면 더욱 그렇습니다.

이왕 이혼을 결정했다면 남은 에너지는 자녀에게 사랑으로 쏟아 주시기를 권해드립니다. 자녀는 이 일을 통해 더욱 성숙할 수 있고 이는 부모가 어떻게 대하느냐에 따라 자녀의 삶에 긍정적인 방향으로 이어질 수 있습니다.

보수적인 부모님은 어떻게 설득해야 하나요?

부모님, 늘 자식 생각에 마음 졸이고 걱정하시는, 그저 떠올리기만 해도 먹먹해지는 분들이지요. 과연 이런 부모님에게 결혼생활이 불행해서 더 이상 유지할 수 없게 되었다는 말을 어떻게 꺼내야 할까요? 어쩌면 부모님은 이혼 결심 또는 이혼 사실을 알리기 가장 어렵고 힘든 상대가 아닐까 싶습니다.

필자에게도 그랬습니다. 이미 이혼에 대한 결심은 섰는데, 막상 부모님께 말씀을 드리기가 겁이 났습니다. 부모님은 딸이 그저 행복한 결혼생활을 유지하고 있는 것으로만 생각하셨거든요. 괜한 걱정을 끼치고 싶지 않았기에 남편의 외도 사실을 알린 적도 없었고, 사소한 다툼조차 이야기해본 적이 없었으니까요.

필자가 큰 결심을 하고 부모님께 이혼을 하겠다고 말씀드렸던 날이 아직도 생생하게 기억이 납니다. 부모님은 소위 얼이 빠진 얼굴로 '도대체 왜?' 하는 모습이었습니다. 그 다음에는 남편의 외도는 꽤나 지난 일인데 왜 이제와 이혼을 하겠다는 것이냐,

어느 누구와 살아도 갈등과 분쟁은 계속 일어나는 것이고, 다들 100% 만족하지 못해도 참고 사는 게 부부라고 이야기하셨습니다. 극히 보수적인 필자의 부모님 입장에서는 딸이 이혼녀가 되는 모습을 받아들이기 어려웠던 것이죠.

필자는 무려 2년 동안 부모님을 설득하려고 했습니다. 남편의 외도는 지난 일이지만 이미 깨어진 신뢰는 회복될 수 없는 것이었고, 현재도 진행형인지조차 믿을 수 없는 상황이었습니다. 그 외의 다른 이유만으로도 충분히 결혼생활이 너무도 불행하고, 또 다른 누군가와 재혼한 경우와 비교해서가 아니라 혼자 사는 독립된 생활과 지금의 결혼생활을 비교할 때 나 자신의 행복을 위한 확고한 결심이 섰다는 점을 충분히 말씀 드리고자 했습니다.

하지만 부모님은 그때마다 필자와 필자의 남편을 찾아와 사정하며 이혼만은 하지 말고 잘 살아보라고 타이르셨습니다. 특히나 필자의 어머니는 필자가 결혼생활의 어려움을 토로할 때마다 함께 눈물을 보이셨습니다. 결국 부모님을 보면 이혼을 하려는 게 큰 불효인 것처럼 느껴져 마음이 약해지고 죄책감마저 들었습니다. 그렇게 흐지부지 시간만 보내며 이도 저도 아닌 불행한 결혼생활만 계속될 뿐이었습니다. 그러던 어느 순간 내 인생인데 언제까지 부모님이나 다른 사람들 눈치보고 불행하게 살아야 하는가 하는 깊은 회의감이 들었습니다. 아무리 부모님이라 하더라도 내 인생을 대신 살아줄 수 없는 것 아닌가 하는 생각 말이죠.

결국 필자는 먼저 이혼을 해버린 뒤 부모님께 사후 통보를 했습니다. 어떻게 보면 필자는 사전에 부모님을 설득하는 것에는 실패한 것일지도 모릅니다. 그러나 이혼 후 더 밝아진 모습으로 행복하게 독립생활을 시작한 딸의 모습을 바라보며 이제야 딸이 비로소 행복을 찾았다는 사실을 깨닫게 된 부모님은 누구보다도 필자의 인생을 응원하고 계십니다.

　설득이라는 것은 반드시 말로써 확답을 받아야 하는 것이 아닙니다. 모든 과정을 설명하고 설득시킬 필요도 없습니다. 힘든 과정은 스스로 견뎌내고 그저 결과적으로 우리가 행복한 모습을 보여주는 것, 그것만으로 부모님은 충분히 설득될 수 있습니다.

　그렇다면 상대방 부모님께는 어떻게 이야기해야 할까요? 고민할 필요는 전혀 없습니다. 어차피 그분들이 아무리 좋은 분들이라고 하더라도 결국 내가 아닌 상대의 부모일 뿐입니다. 굳이 남이 될 분들에게 감정을 소모하거나 시간을 낭비할 필요는 없습니다. 내 아이에게는 할머니, 할아버지인데 어떻게 하느냐고요? 이혼하는 과정에서 서로 서운한 감정이 들었다고 하더라도 그들과 내 아이의 관계는 변하지 않습니다. 피는 물보다 진합니다. 우리는 지금 자신의 행복만을 생각하기에도 너무도 에너지가 부족합니다.

직장에는 어떻게 알려야 할까요?

이혼은 지극히 개인적인 일이지만 혹시라도 사회생활이나 커리어에 장애가 되지는 않을지 걱정스러울 수도 있습니다. 그렇다면 이혼 준비에 대해 굳이 직장에 알려야 할 필요가 있을까요? 직장 상사나 동료에게 그런 사실을 미리 알려야 할까요?

일단 직속상사에게는 간단하고 솔직하게 이혼을 준비하고 있다는 사실을 알리는 게 좋습니다. 이혼하는 과정에서 부득이하게 휴가를 내거나 조퇴를 해야 할 경우가 있기 때문입니다. 협의이혼이라고 해도 빨라야 자녀가 없는 경우에는 최소 1~2개월, 자녀가 있다면 최소한 3개월 이상이 걸립니다. 소송이혼이라면 최소 1년 이상, 언제 끝날지 기약도 없이 늘어지기도 합니다. 법원에 직접 출석해야 할 일도 있고, 변호사나 상담사를 만나야 할 일도 있습니다. 그밖에 아이를 돌보는 문제 때문에 업무에 충실할 수 없게 되는 경우가 생길 수도 있기 때문이지요.

물론 이혼 사유가 무엇인지 구구절절 설명할 필요는 없습니다.

이혼을 결심하고 진행하기까지 배우자와 사이에 있었던 복잡하고 다양한 속사정을 일일이 다 늘어놓기는 쉽지 않습니다. 따라서 "배우자와 협의이혼을 하기로 해서 절차가 진행 중이다." 혹은 "변호사를 선임해서 이혼소송 중이다."라는 식으로 사실만 분명하게 이야기하는 것이 좋습니다.

요즘처럼 이혼이 흔해진 사회 분위기에서 왜 이혼하는지 꼬치꼬치 캐묻는 사람이 많지는 않겠지만 설령 그런 눈치 없는 질문을 하더라도 "지금은 이야기하고 싶지 않네요. 나중에 기회가 되면 말씀드리죠."하는 식으로 분명하게 거절하는 것이 좋습니다.

직장 동료에게는 어떨까요? 날마다 내가 없는 곳에서 내 사생활과 가정, 이혼 이야기가 그들의 가십거리가 된다는 건 생각하기도 싫은 일이죠. 따라서 업무적으로 직접적으로 피해를 주지 않는 한 직장 동료에게까지 굳이 이혼 과정을 설명할 필요는 없습니다. 그러나 내가 이혼을 준비하는 과정에서 부득이하게 휴가나 조퇴를 하는 경우 동료들에게도 영향을 미칠 수 있고, 인생에서 가장 큰 걱정과 고민을 하고 있는 동안 표정이나 말투를 보면 주변 동료들 중 몇몇은 '무슨 일 있구나.' 하고 금방 눈치를 채게 되는 경우가 있습니다. 이럴 때 직장 동료가 무슨 일이 있는지 먼저 안부를 물어 온다면, 그리고 그 사람이 마음을 터놓을 수 있는, 믿을 수 있는 사람이라면 허심탄회하게 털어놓아도 좋습니다. 하루 중 어쩌면 가장 많은 시간을 보내는 직장에서 마음의 위로를 받을 수 있는 가까운 직장 동료가 있으면 정말 큰 도움이 됩니다.

 필자 역시 이혼이라는 상황이 닥쳤을 때, 친한 직장 동료가 먼저 넋놓고 있던 저를 보고 "무슨 일이 있느냐?"고 물었고, 때로는 격려로 때로는 아무 말 없이 지나가 주는 것으로 대해줘서 참 고맙고 든든하게 느껴졌습니다. 직접적인 도움을 주지는 못하더라도, "힘내라!"는 말 한마디로 용기가 생기기도 하고, 함께 술 한 잔 하면서 이런 저런 하소연을 하다보면, 스스로 '앞으로 잘 되겠지.'하는 편안한 마음을 갖게 될 수도 있습니다.

 필자는 외국에서 일하는 동안 이혼하는 과정에 있었습니다. 그런데 그런 사실을 상사에게 알리지 않았지요. 아무래도 이혼을 터부시하는 한국 문화에 익숙해서인지 이혼은 사적인 일이고 부끄럽게 느껴져 공개하고 싶지 않았기 때문입니다. 그리고 결국 필자는 어렵게 협의이혼을 하는 과정에서 직무에 충실하지 못하게 되었고, 상사들의 합의로 해고당하게 됩니다. 그때야 비로소 사정을 설명하면서 직무에 충실하지 못했던 이유를 말해보았지만 그들은 미리 이야기하지 않았기 때문에 참작할 수 없다고 냉정하게 말하더군요. 만일 "이혼하는 과정에 있고, 마무리되면 업무에 충실하겠다."라고 미리 상황에 대한 언질을 주었다면 상사들의 결정은 바뀌지 않았을까, 하는 생각을 해봅니다.

 눈치 없는 사람들은 당신이나 전 배우자의 험담(예를 들어 "잘 좀 하지 그랬어." "어쩐지 남편(아내)이 좀 이상하더라.")을 한다거나, 조언이랍시고 이러쿵저러쿵 이야기하는 것을 듣게 될지도 모릅니다. 그럴 때는 울거나 화를 낼 필요도 없습니다. 그저 조용히 "내 사생활이니 언급하지 말아주세요."라고 분명하게 이야기하는 것이 가장 효과가 좋습니다.

CHAPTER. **5**

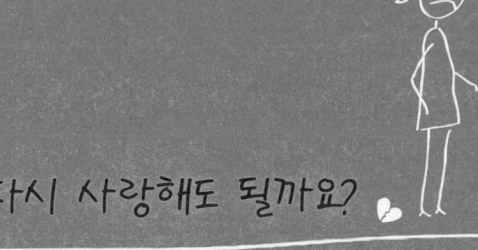

다시 사랑해도 될까요?

이제 연애 한번 해볼까요?

이혼을 하면서 우리는 다짐을 합니다. 지긋지긋한 결혼에서 해방되었으니 이제는 자유롭게 싱글라이프를 즐겨보겠다고 말이죠. 그런데 막상 이혼을 하면 불현듯 세상에 나 혼자뿐인 것 같은 외로운 감정이 솟구칠 때가 많습니다. 필자 역시 밉고도 미웠던 전남편과 협의이혼에 성공하고는 분명히 자유를 만끽하고 있었는데, 의아하게도 혼자 있을 때면 막연한 공허함 같은 게 느껴졌습니다. 이혼에 대한 후회라든지 전남편에 대한 그리움은 절대 아니었습니다. 아마도 미우나 고우나 가족이란 이름으로 함께 살았던 존재를 떠나 혼자 지내면서 찾아오는 헛헛한 느낌이었을 겁니다.

이럴 때 새로운 이성을 만날 필요가 있는 것일까요? 새로운 사람을 통해 외로움을 달래고, 또 누군가를 다시 사랑하고 사랑받는다는 느낌은 안정감이나 생활에 활력을 주기도 합니다. 이럴 때 정말로 좋은 이성을 사귀게 된다면 더할 나위 없이 좋겠죠.

하지만 이혼이라는, 너무도 고통스럽고 힘든 여정을 겪었던 나머지 아직은 정상적이고 합리적인 사고를 하지 못할 수도 있다는 점에 주의하여야 합니다. 특히 전남편, 전처의 싫었던 점에만 집중되어 있다 보니, 그런 점과 정반대의 모습을 보이는 이성에게 쉽게 끌리고, 그런 점에만 눈이 멀어 그들의 다른 단점이나 문제는 보지 못하는 경우도 많습니다. 또한 전남편, 전처의 싫었던 모습들이라고 하더라도 극단적으로 반대성향으로 나타날 경우 오히려 단점이 될 수 있다는 점을 기억해야 합니다.

필자의 고객 중에 짠돌이 남편을 둔 여성이 있었습니다. 결혼기간 동안 남편이 자신에게 돈 한 푼조차 쓰는 것을 아까워했던 터여서 그녀는 금전적인 부분에서 서운함을 많이 느꼈습니다. 남편이 경제적으로 궁핍했던 것도 전혀 아니었는데 말이죠. 그녀는 우여곡절 끝에 이혼을 하게 되었고, 이제는 자신을 위해 돈을 잘 쓰는 남성에게 매력을 느끼게 되었습니다.

하지만 그는 그녀를 위해서만 그랬던 것이 아니었습니다. 겉으로는 돈을 펑펑 써대며 사치를 부리고 있었지만 실제로 가진 게 없는 빈털터리였습니다. 하지만 그런 남자와 이미 사랑에 빠져버린 그녀는 결국 자신이 경제적으로 더 많은 지출을 하기에 이르렀고, 심지어 돈을 빌려주기까지 했습니다. 안타깝게도 그녀는 새로운 남자에게 빌려준 돈을 받지도 못한 채로 이별을 맞이합니다.

이성관계란 처음에는 모두 가볍게 시작됩니다. 그러다가 관계가 깊어지고 사랑에 빠지다 보면, 상대가 나쁜 남자 나쁜 여자라는 사실을 알면서도 헤어 나오지 못하게 됩니다. 우리가 이미 잘 알고 있는 사실입니다.

힘든 이별의 과정을 겪었기 때문에 새로운 누군가로부터 상처받은 마음을 위로받고 싶은 욕구를 갖게 되는 것은 아주 자연스러운 일입니다. 그렇다고 일단 '아무나'와 만남을 시작해버리는 어리석은 행동 역시 금물입니다.

잔은 비워야 채울 수 있습니다. 일단은 옆자리를 비워둔 채 나는 어떤 사람이었고 어떤 이성을 만나야 행복을 느끼는 사람인지 스스로를 돌아볼 필요가 있습니다. 나 자신과 관계에 대한 진정한 이해가 전제되어야 우리는 비로소 옆자리를 온전히 채울 수 있습니다.

다만, 결혼생활을 하면서 배우자로부터 받았던 상처와 불신이 크다고 해서, 새로운 상대를 만나는 것 자체를 절대 두려워하지 마시길 바랍니다. 우리는 더 좋은 사람을 만날 자격이 있고 앞으로 충분한 기회가 있습니다.

심리 테스트 :

나를 행복하게 해 줄 수 있는 사람인가?

당신은 이제 어떤 상대방을 만나야 행복할까요? 많은 경우, 본인의 취향이나 기질이 있기 때문에 이전 배우자와 비슷한 이성을 다시 만나는 경우를 쉽게 볼 수 있습니다. 혹은 너무 극단적으로 전남편, 전부인과 반대되는 성향의 사람을 만나서 반대의 경우로 고통을 받는 경우도 있습니다. 그럴 경우 어떤 이성을 만나야 행복할까요?

아래의 테스트를 해보시고 새로 만나고 싶은 상대가 얼마나 해당되는지를 체크해 보시기 바랍니다.

나를 행복하게 해줄 수 있는 사람인가?[1]

1. 상대방은 나에게 늘 고마워한다.
2. 상대방은 나를 존중해 준다.

---

1) Abbey, Abramis, & Caplan 이 1985년도에 개발한 사회적지지(social support) 척도를 한국의 실정에 맞게 편집하였습니다.

3. 상대방은 나를 걱정해 준다.
4. 상대방은 나에게 꼭 필요한 정보를 주기도 하고 충고도 해 준다.
5. 내게 많은 일들이 닥쳤을 때, 상대방은 도와준다.
6. 고민이 있거나, 감정을 털어놓고 싶을 때면 잘 들어준다.
7. 상대방과 다투지 않는다.
8. 상대방은 나의 신경을 건드리는 행동을 피한다.
9. 상대방은 나의 생각이나 느낌을 잘 이해한다.
10. 상대방은 내가 옳다고 생각하거나 생각하는 방향으로 일을 처리한다.
11. 상대방은 나를 대할 때 유쾌하고 평온하게 대한다.

위의 설문에서 7개 이상 해당되는 사람이라면 바로 지금 데이트를 시작하셔도 안심할 수 있습니다.

돌싱의 연애 :

내 짝은 어디에서 어떻게 찾나요?

이혼을 하고 난 뒤에는 당분간은 이성을 만나고 싶은 생각이 없을 겁니다. 이 책을 쓰고 있는 세 사람의 필자 역시 그랬습니다. '어떻게 하게 된 이혼인데, 다시 이성을 만나 그런 일을 반복하면 내가 바보지.'라고 생각한 겁니다.

하지만 1년이 지나지 않아 지난 결혼생활이 얼마나 힘들었는지는 모두 잊은 채 새로운 사람을 만나고 싶다는 생각을 하게 됩니다.

막상 누군가를 만나려고 하면, 소위 '감'이 떨어져서 어디서 어떻게 누구를 만나야 하는지 고민하게 됩니다. 주변 사람들에게 소개팅을 부탁할 수도 있겠지만, 그들에게 앞으로는 아무도 만나지 않을 거라고 큰소리를 쳐놓은 적도 있을 것이고, 또 이혼을 하면서 겪었던 고통과 고생을 생각하면 소개를 해달라고 부탁하기도 민망할 것입니다. 이혼을 한 입장에서 소개를 부탁하는 것이 실례가 되는 건 아닐까?라는 생각도 할 것입니다.

그럼 이제 마음의 준비가 되었다면 어디에서 사람을 만날 수 있을까요? 어렵게 생각하실 필요는 없습니다. 먼저 주변을 둘러보세요. 아직도 연락을 하고 지내는 오래된 이성친구가 있다면 일단 첫 번째로 고려해 보시는 것도 괜찮습니다. 물론 그, 그녀가 애인이 없는 경우겠지요.

오래된 친구는 사실 좋은 배우자가 될 수 있는 자격을 갖추고 있는 경우가 많습니다. 나와 잘 맞아서 오랜 시간 친구로 지낼 수 있었던 것이지요. 성격이 잘 맞는다는 뜻입니다. 오랜 시간 친구로 지내다보니 이성으로 느껴지지 않는다 해도 괜찮습니다. 일단 함께 밥을 먹으며 소소한 이야기도 하고, 일상을 함께 해보는 것입니다. 친구도 각별해지고 더 친해지면 연인이 될 수 있습니다. 너무 경계하지 마시고, 편안하게 다가가 보세요.

두 번째로, 클럽이나 바에서 새로운 사람을 만나는 것도 방법입니다. 행여나 그런 문란한(?) 곳에서 누군가를 만나는 것에 두려움이 있으신가요? 그런 곳에 오는 사람들은 다 그렇고 그런 사람들일 뿐이라고 생각하시나요? 언제나 그렇지는 않습니다. 여러분들도 그곳에 가셨잖아요. 여러분처럼 머리를 식히러 온 사람도 있고, 직장 회식에 따라온 사람도 있고, 친구의 생일파티에 참석한 사람도 있을 것입니다.

아무래도 선을 보거나 소개팅을 하는 것만큼 안전(?)하다고 할 수는 없겠지만, 의외로 괜찮은 인연을 만날 수도 있지 않을까요? 같은 이유로 검증을 받은 소개팅이나 선을 본다고 해서 꼭 진실하고 좋은 사람만 나오는 건 아니잖아요. 장소에 구애를 받지 마시고, 사람을 알아간다는 열린 마음으로 만나면 좋을 것 같습니다. 여러 번 만나게 되면, 나와 맞는 사람인지 아닌지 그 사람을 파악할 수 있게 되니까요.

여러분들은 시행착오를 겪으며 이혼을 해내신 분들입니다. 최소한 전남편, 전부인보다는 나은지, 더 말이 잘 통하는지 아실 수 있습니다.

세 번째로, 취미생활을 확장해보는 것입니다. 인터넷에 접속해보면 수많은 동호회가 있습니다. 여러분들이 이미 관심이 있는 주제여도 괜찮고, 평소에 관심은 가지고 있었지만 경험해보지 않은 것들을 시도해도 괜찮습니다. 운동, 와인, 사진, 여행 등 어떤 취미활동이라도 괜찮습니다. 최소한 취미생활이라도 공유할 수 있기에 절대 손해가 되지는 않습니다. 의외로 나와 취미를 공유할 수 있는 사람을 덤으로 만날 수도 있고, 만나게 되는 경우도 많습니다.

네 번째, 혼자 여행을 떠나보세요. 여행을 가서 백패커스나 게스트하우스에서 지내보세요. 젊은이들이 많이 찾는 공간 같아서 부끄럽다고요? 의외로 혼자 여행하는 많은 분들이 머물고 계십니다. 여행 그 자체로도 설레지만 다른 여러 사람들과 사귈 수 있는 기회도 많습니다. 자유로운 기분으로 함께 새로운 곳을 여행하면서 동행자와 정이 들게 될 수도 있습니다. 일단 한번 떠나보세요.

마지막으로, 지인들이 누군가를 소개시켜 주겠다고 하면 무조건 만나보세요. 감이 안 좋다든지, 어차피 안 될 거라는 부정적인 생각은 접어두시고 100번 중 99번이 별로였다고 해도 마지막 한 번 인연을 만날 수도 있는 것이니까요. 많이 만나서 손해를 볼 것은 없습니다. 시간이 아까우시다고요? 최소한 다른 사람의 생각이나 가치관을 배울 수 있는 하나의 통로이기도 합니다. 잘 맞지 않는 사람과의 만남은 더 좋은 사람을 만나기 위한 연습이 되기도 합니다.

다양한 사람을 많이 만나시길 바랍니다.

이혼한 사실은 새로운 이성에게 언제, 어떻게 알려야 하나요?

이혼을 하고 새로운 사람을 만났는데, 그 사람은 나의 이혼 사실을 모를 경우 난감하기 마련입니다. 이혼했다는 이야기를 해야 할지 말아야 할지, 언제 이야기를 해야 할지 새로운 고민이 생겼습니다. 정답은 사실 간단합니다. 말하고 싶은 상대에게만 말하면 되는 것이고, 말하고 싶은 순간에 말하면 되는 것입니다.

몇 번쯤 만났을 때 밝혀야 하는지 공식 같은 것은 없습니다. 그럼에도 불구하고, 이혼을 겪은 사람들은 이혼한 사실을 말하지 않고 새로운 데이트 상대를 만나는 것에 죄책감을 느끼기도 합니다.

그럼 과연 어떻게 이혼 사실을 말하는 것이 현명한 대처일까요?

일단 이혼을 흠이라고 생각하는 태도는 버리는 것이 좋습니다. 이혼 사실을 털어놓는다는 게 주저될 수는 있겠지만, 이혼한 사실로 주눅이 들어서는 안 됩니다. 간혹 이혼한 사실을 말할 때에는 최대한 구차하지 않게 간결하고 짧고 담담하게 말하는 것이 좋습니다. 어떤 이유로 이혼을 하게 되었는지, 당시 어떤 심정이었는지 굳이 일일이 상대에게 설명할 필요는 없습니다. 최대한 태연하고 자연스럽고 간결하게 말하는 것이 가장 좋은 방법입니다. 상대가 구체적인 이유를 묻는다면 그때도 감정에 휩쓸리지 말고, 담담하게 제3자의 시선으로 이야기하는 것이 좋습니다.

또한, 일단 가볍게 만나보는 사이라면 일일이 고민을 해가면서까지 이혼한 사실을 언급할 필요는 없습니다. 얼마간 만나보다가 괜찮은 사람이라는 생각이 들고 진지하게 만나고 싶은 생각이 들기 시작한다면 그때쯤 한번 결혼했던 경험이 있다는 정도로 언급하는 것이 좋습니다.

그럼 이혼 사실을 고백할 가장 좋은 타이밍은 언제일까요? 상대방이 자신에게 힘들었던 일에 대해 말한다든지 할 때가 좋은 기회입니다. "나도 사실은 힘든 일을 겪은 적 있다."라고 운을 띄우고 간결하게 이야기를 합니다. 만일 그런 기회가 없고 데이트를 시작한 지 한 달 정도 되었으며 3번 이상 만난 사이라면 (그리고 더 만나 볼 생각이 있을 정도로 괜찮은 상대방이라면) 점점 관계가 깊어지기 전에 이혼 사실을 알리는 것이 좋습니다.

상대에게 이혼 사실을 빨리 알릴수록 나의 마음도 편해지겠지만, 가볍게 끝날지도 모르는 사람들에게 일일이 나의 과거를 모두 들추어내고 광고할 필요는 없습니다. 그렇다고 너무 늦어지면 상대방의 신뢰가 줄어들 염려가 있으므로 진지하게 만나볼 생각이 있고, 만난 지 한 달 이상 지나고, 세 번 이상 만났다면 자신감을 가지고 담담하게 이혼 사실을 알려주는 것이 좋겠습니다.

 필자의 경우에는 어린 나이에 결혼을 해서 남자를 만났던 경험이 별로 없었으므로 이혼을 하고 난 뒤에는 여러 사람들을 만나야겠다고 생각했습니다. 그 중에는 6개월 이상 만나면서도 이혼 사실을 끝까지 말하지 않았던 사람도 있고, 한두 번 만나보았지만 이혼했다는 이야기를 쉽게 할 수 있는 사람도 있었습니다.
 돌이켜 생각해보건대 이혼한 사실을 끝까지 말하지 않았던 사람들에 대해서는 필자가 진지하게 여기지 않았고 또 미래를 함께 할 정도의 사람은 아니라는 생각이 들었던 것 같습니다. 반면 한두 번의 만남 이후에 이혼 사실을 밝힌 경우는, 필자와 겹치는 지인이 있어서 다른 사람을 통해 먼저 나의 상황을 알게 될 가능성이 있거나, 혹은 이해심이 많고 필자를 좋아하는 마음이 크게 느껴져서 주저하는 마음이 들지 않았던 경우였습니다.
 따라서 내심으로 이혼 사실을 밝힐 수 있을 정도의 상대라는 생각이 들면, 사실 그 상대는 이미 괜찮은 사람일 가능성이 큽니다.

 20대 후반 이혼을 하고 난 뒤 친한 언니에게 이혼 경력이 치욕스럽고 부끄럽고 이미 내 가치가 바닥으로 떨어졌기 때문에 누구도 만나볼 자신이 없다고 털어놓았던 적이 있었습니다. 언니는 이렇게 말했습니다. "너는 이혼을 함으로써 더 좋은 사람을 고를 수 있는 자격이 생긴 거야." 그리고 언니는 "너의 과거를 인정해 주고, 이해해 주고, 포용해 줄 수 있는 남자를 고를 수 있는 기준이 생긴 것."이라고 하였습니다. 따라서 가치관이 이상하거나 너를 별로 사랑하지 않고 조건만 사랑했던 사람들은 많이 걸러지고, 앞으로는 너를 진심으로 사랑하고 대해 주는 정말 괜찮은 남자만 만나게 될 테니 더 잘된 일이라고 말입니다.

그리고 10년이 지난 지금에서야 언니의 말이 옳았다는 것을 깨달았습니다. 이 책을 통해 다시 한 번 그 언니에게 고마운 마음을 전합니다.

자녀가 있는데 연애해도 되나요?

새로운 이성을 만났을 때 본인이나 상대에게 아이가 있을 때는 어떻게 접근해야 할까요? 사실 아이가 없는 상태에서의 연애는 이혼을 했다고 해서 크게 달라질 것이 없습니다. 하지만 아이가 있을 경우는 조금 다릅니다. 재혼을 전제로 연애를 한다면 더욱 아이의 존재 유무가 큰 영향을 끼치게 됩니다.

자녀의 유무와 연애를 2X2 매트릭스로 분석해보면 다음과 같습니다.

	상대방에게 자녀 있음	상대방에게 자녀 없음
본인의 자녀가 있음	자녀에 대한 서로간의 이해의 폭이 넓어 큰 문제가 되지 않음	내 자녀가 연애에 걸림돌이 될 수 있음
본인의 자녀가 없음	상대방의 자녀가 연애에 걸림돌이 될 수 있음	일반적인 연애와 같음 전혀 문제 없음

일단 본인과 상대 모두 자녀가 없을 경우에는 일반적인 연애와 다른 점이 없습니다. 본인과 상대방 모두 자녀가 있을 경우에도 자녀를 양육해본 경험이 있고, 자녀의 존재에 대한 이해의 폭이 넓기 때문에 연애하는 데 큰 걸림돌이 되지는 않습니다. 누가 양육권을 가지고 있느냐 정도가 이슈가 될 수 있지만, 사실상 둘 다 자녀가 있는 경우에는 자녀에 대한 이해의 폭이 넓기에 친권/양육권을 누가 가지고 있느냐 하는 것도 큰 문제가 되지 않습니다.

이성관계에 영향을 미치는 것은 둘 중 한쪽만 자녀가 있는 경우입니다. 자녀가 있는 사람은 자녀가 없는 사람을 결코, 절대 이해하지 못합니다. 자녀는 피붙이기에 나와 떼어놓을 수 없는 존재이기 때문입니다. 자녀가 없는 사람 역시 자녀가 있는 사람의 태도를 절대로 이해하지 못합니다. 자녀는 부모보다 오래 살 것으로 기대되므로, 자녀가 있는 사람과의 연애에서 자녀는 영원히 그 관계를 함께할 수밖에 없습니다.

자녀는 있지만 양육권이나 친권을 본인이 가지고 있지 않기 때문에 상관없는 것 아니냐고 할 수 있지만 이는 착각입니다. 양육권과 친권을 포기한 부모라도 언제든 자녀가 커서 찾아올 수도 있고, 혹은 생각이 바뀌어서 자녀를 만날 수도 있는 것입니다. 즉 법은 핏줄을 끊어낼 수 없습니다.

자녀의 양육권과 친권을 전부인, 전남편에게 주어서 자녀가 없는 것이라고 말하는 사람은 애초에 만나지 않는 것이 좋습니다.

첫째, "자녀와 연을 끊었기에 본인은 자녀가 없다."라면서 자녀를 부인하는 것은 정상적인 상황에서 불가능한 일입니다. 이는 상대의 마음을 얻기 위한 임시방편의 말뿐인 경우가 많습니다. 이럴 경우 관계가 진지해지고 재혼까지 하게 되면, 다시 자녀와 연락을 시작하기 일쑤입니다.

둘째, 말뿐 아니라 실제로 자녀와 연을 끊은 사람 역시도 평범한 사람이 아닌 경우가 많습니다. 자신의 피붙이를 끊어냈다는 것은 관계가 틀어질 경우 혹은 자신에게 큰 이익이 되지 않을 경우 남은 더 쉽게 끊어낼 수 있다는 반증이기도 합니다. 따라서 이런 상대와 진지한 관계를 유지하고 재혼하게 되면, 언젠가 상대가 나를 끊어낼 수도 있고, 그런 생각을 하게 되면 상대방이 나를 끊어내지 않을까 하는 걱정에 사로잡혀 정상적인 생활을 하기 어려워질 수도 있습니다.

그럼 한쪽만 자녀가 있는 경우의 연애는 언제나 비극으로 끝나게 되는 것일까요? 꼭 그렇지는 않습니다. 다음과 같은 경우에는 한쪽만 자녀가 있어도 진지한 연애와 행복한 결말을 만들 수 있습니다.

첫째, 본인의 자녀를 부인하지 않고 자녀에 대한 사랑을 솔직하고 진실하게 말할 수 있는 사람이어야 합니다. 이를 상대방이 이해해 주면 금상첨화겠지만 상대가 이해해 주지 않더라도, 본인의 자식에 대한 마음을 솔직히 터놓을 수 있는 사람이 더 진실한 사람이라고 할 수 있습니다. 이런 사람이라면 자녀가 있어도 최소한 신뢰를 가지고 믿을 수 있는 관계를 구축할 수도 있습니다.

둘째, 자녀가 없는 상대방이 상대방의 자녀에 대해 아끼는 마음을 두고 미워한다거나 질투가 생겨서는 안 됩니다. 즉 자녀가 없는 상대방 역시 상대방의 자녀를 부인한 채 관계를 유지하려 한다면 그 관계는 비극으로 끝나고 맙니다. 왜냐하면 자녀는 부인한다고 해서 없어지는 존재가 아니기 때문입니다.

엄밀히 말하면 부모자식의 관계는 부부나 연인의 관계보다 더 진하고 깊게 맺어져 있습니다. 이는 진화론에 따른 본능입니다. 따라서 자녀에 대해 허심탄회하게 이야기하고, 최대한 솔직하게 본인의 의사를 말해야 합니다.

위의 두 가지 조건이 충족되지 않는다면 관계가 더 깊어지기 전에 자신과 비슷한 상황의 사람을 찾으라고 조언하고 싶습니다.

결혼하고 싶다면 이렇게 자문하라.
"나는 이사람과
늙어서도 대화를 즐길 수 있는가?"
-프리디리히 니체

CHAPTER. 6

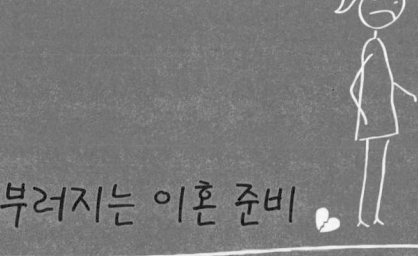

똑부러지는 이혼 준비

상대의 이혼 거부 :
어떻게 설득해야 하나요?

"결혼을 잘 하는 것보다 이혼을 잘 하는 게 10배는 더 어렵다!" 필자가 이혼을 결심했을 때 이미 이혼을 경험했던 친한 언니가 해 준 말입니다. 그만큼 이혼하는 과정에서 극도의 갈등과 심적 고통을 느끼게 되기 때문이겠죠. 그래서 가장 수월한 이혼이란 결국 이혼 당사자들이 모두 이혼을 하겠다는 의사의 합치를 이루었을 경우이겠지만 안타깝게도 현실은 한 사람은 이혼을 결심했는데 상대는 그런 마음을 전혀 모르고 있거나 이혼에 대한 고민조차 하지 않는 경우가 대부분이라는 것입니다.

물론 이혼에 대한 합의에 이르지 못한다면 재판상 이혼(이혼소송)을 하는 방법도 있습니다. 그러나 재판상 이혼의 경우에는 사유가 제한적이고 많은 시간과 비용을 소모하게 된다는 점에서 협의이혼을 하는 것이 훨씬 수월하리라는 것은 자명합니다. 즉 '쉽게' 이혼에 이르고자 한다면 상대의 동의를 얻어내야 할 필요가 있습니다.

그렇다면 상대의 동의는 어떻게 얻어낼 수 있을까요?

중요한 것은 상대로 하여금 이혼이 상대방 역시도 진정으로 행복해지기 위한 길이라는 사실을 스스로 깨달을 수 있도록 충분한 시간을 주어야 한다는 점입니다. 절대 충동적이거나 감정적으로 대응해서는 안 됩니다. 우리 스스로도 오랜 시간 고민한 끝에 이혼을 기꺼이 수용하게 된 것처럼 상대에게도 불행한 현실을 인지하고 진지하게 이혼에 대해 고민해볼 수 있는 기회를 주어야 합니다.

필자의 경우를 예로 들자면, 상대가 워낙 보수적인 집단에 속한 보수적 성향이 강한 사람이었기 때문에 관계가 아무리 파탄이 났다고 해도 자신의 삶에 이혼이란 있을 수 없다고 생각했고 특히, 그의 부모님 건강이 좋지 않은 상황이었기 때문에 이혼으로 인한 부모님이 받을 충격과 스트레스, 그로 인한 건강 악화를 우려하며 필사적으로 협의를 거부하였습니다. 필자의 이혼 요구에 그가 최초로 보인 반응은 상당히 감정적이었지요. 필자의 요구를 못들은 척 무시하기도 했고, 잘못했다며 용서를 빌기도 했으며, 어떤 때에는 지독히 화를 내기도 했습니다.

처음에는 필자 역시 그와 마찬가지로 감정적으로 대응했습니다. 남편이 용서를 빌면, 내가 오히려 더 미안하다면서 제발 나를 놓아달라고 사정하였고, 남편이 화를 내면 나도 결혼생활의 파탄은 당신에게 있다며 더 크게 화를 냈습니다. 그 결과는 서로의 감정만 격해질 뿐이었습니다.

필자는 그래서 다른 방법으로 상대를 설득해보기로 했습니다.

일단은 남편에게 충분한 시간을 주고, 그 시간 동안에 그에게도 자신의 행복에 대해 돌아볼 수 있는 기회를 주기로 말입니다. 그때부터 필자는 더 이상 그에게 나를 위해서 이혼을 해달라고 요구하지 않았습니다. 그저 우리의 결혼생활이 더 이상 행복하지 않다는 사실과 앞으로도 개선될 여지가 없다는 사실을 직시할 수 있도록 했습니다. 갈등의 시간이 길어질수록 서로의 영혼만 갉아먹을 뿐이라는 사실을 알리고, 그가 처해 있는 현실을 스스로 깨닫고 앞으로의 미래를 상상해 볼 수 있는 충분한 시간을 주었습니다. 그리고 그 기간 동안 필자는 인내심을 갖고 대외적으로는 최소한의 부부로서의 역할만 하고, 동거인으로서의 배려 정도만 보였습니다.

그렇게 1년여 시간이 지나자, 이제 그도 자신의 행복을 찾고 싶어 하더군요. 존중받지 못하는 남편으로서 혼인관계를 계속 유지한다는 것이 얼마나 고통스러운지 충분히 느끼게 되었던 겁니다. 애초부터 개인주의적인 성향이 강했던 사람이었고, 아직 젊은 나이에 자녀도 없는 상태였으므로 다시 싱글로 돌아가 아무런 제약 없이 혼자만의 삶을 즐길 수 있는 미래를 구체적으로 계획한 듯 보였습니다. 그렇게 시간이 지나서 먼저 이혼을 하자고 요구한 것은 필자가 아닌 남편이었습니다.

다른 예를 하나 들어보겠습니다.

필자의 고객 중에 전처와의 사이에 두 자녀를 두고 있는 40대 중반의 남성이 있었습니다. 그는 결혼 생각이 전혀 없었습니다.

하지만 어머님이 병세가 악화돼 돌아가시기 전에 아들이 결혼하는 것을 간절히 원했기에 어쩔 수 없이 하게 되었고 그때까지 그의 곁을 지키던, 소위 순종적인 여성과 마음에도 없는 결혼을 하게 되었지요. 그는 잘나가는 사업가였고, 어리고 예쁘고 자신만을 바라보며 희생하는 젊은 여성을 만나 결혼생활을 시작했지만 행복하지 않았습니다. 그의 말을 빌리자면, 아내와 대화가 통한다고 느껴본 적이 한 번도 없었고, 무언가를 함께 하는 것이 즐거웠던 일도 거의 없었다고 했습니다.

그러다가 어머님이 돌아가셨고, 사업상 어려움으로 인생의 굴곡에 직면하면서 그는 더 이상 끌려 다니는 결혼생활을 할 수 없음을 깨닫게 되었습니다. 스스로의 인생과 행복을 찾아야겠다는 결심을 하게 된 것입니다. 물론 그의 아내는 이혼에 동의해 줄 리가 만무했습니다.

그러나 그들 사이에는 재판상 이혼사유가 없었기 때문에 협의이혼 외에 달리 방법이 없었습니다. 그래서 그는 시간을 두고 협의이혼을 계획했습니다. 먼저, 일을 핑계로 지방 근무를 자처하며 별거를 시작했습니다. 그렇게 눈에서 멀어지고 마음에서 멀어질 때쯤, 그는 전처가 거부할 수 없는 제안을 합니다. 그가 가진 약 70억 원 상당의 재산을 전처에게 넘겨주는 대신 결별하는 것이었지요. 그는 돈을 버는 재주가 있었기에 새롭게 시작할 자신이 있었습니다.

한편, 전처 입장에서는 어땠을까요? 전처는 돈에 욕심이 많은 사람은 아니었습니다. 그러나 상대가 전 재산을 포기할 정도로 자신과 살고 싶어 하지 않는다는 사실, 상대가 그만큼이나 결혼 생활을 불행하게 생각해왔다는 사실을 비로소 깨닫게 됩니다. 전처 역시 아직 어리고 젊었기에, 더 이상 상대에게 매달리지 않고 이제 독립적인 자신의 삶을 찾아야겠다고 결심하는 계기가 되었지요. 그리고 결국 그 둘은 협의해서 이혼했습니다.

결론적으로 우리가 반드시 명심해야 할 것은, 이혼을 진행하는 과정에서는 절대 충동적이거나 감정적이어서는 안 된다는 겁니다. 충분한 시간을 두고 때를 기다려야 하지요. 상대의 잘못이나 부당한 대우로 인해 화가 났다고 하더라도 그런 상태에서 분노를 표하며 이혼을 요구하는 것은 실제 이혼에는 전혀 도움이 되지 않고 그저 양측 모두 감정을 더 상하게만 할 뿐입니다.

이혼에 대한 결심이 섰다면, 아주 냉철하게 계획을 세우고 상대를 설득해야 합니다. 이때 상대를 설득하는 방법은 나만을 위해서가 아니라 상대를 위해서도 이혼이 최선이라는 사실을 스스로 깨달을 수 있도록 해 주어야 합니다. 또한 아이러니하지만 이혼을 위해서는 전보다 오히려 상대와 더 많은 대화를 나누어야 한다는 점을 잊지 마시기 바랍니다.

우리의 결혼생활은 현재 어떤 상황에 처해 있고, 더 이상 개선의 여지가 없으며, 이런 시간이 길어질수록 서로에게 미움만 쌓여 불행한 날들만이 계속될 뿐이라는 사실을 이야기하세요. 그리고 상대가 이러한 사실을 스스로 깨달을 수 있도록 충분한 시간을 주세요. 어쩌면 상대는 그 과정에서 자신의 잘못을 뉘우치고 변화할 수도 있습니다. 그때 우리에게는 선택권이 있습니다.

  힘들게 고민하고 결단을 내린 것처럼 상대에게도 기회를 주어야 합니다.

경제적인 준비 :
초기 독립비용 마련, 커리어 쌓기, 자격증 따기

 남편으로부터 생활비를 받아 생계를 유지해오던 여성이라면 남편이 아무리 밉고 싫다고 하더라도 이혼을 결심한다는 게 쉽지 않습니다. 그래서 여성의 경제활동이 드물었던 부모님 세대만 하더라도 가부장적인 환경임에도 불구하고 이혼율이 높지 않았던 것이겠죠.
 다행히 지금 세대는 여성들의 경제활동이 활발해지고 맞벌이 부부가 증가하면서, 여성이 단지 경제적인 이유 때문에 일방적으로 부당한 결혼생활을 참고 살아야 하는 상황은 줄어들었습니다.
 독립적인 수입이 있거나 재력이 있는 친정을 배경으로 두었다면 이혼 후의 경제적 독립이 두렵지 않겠지만, 넉넉하지 않은 친정을 두고 남편에게 경제적으로 완전히 의존해온 여성이라면 이혼 후의 삶이 막막하게만 느껴지기 마련입니다. 아이를 양육하고 싶어도 경제력이 없어서 양육권 다툼에서 불리하게 작용될 수도 있지요. 그래서 이혼을 결심하고 실행하기 전 현실적으로 많은 준비가 필요합니다.

　가장 먼저 생각해볼 문제는 이혼을 하고 독립하기 위한 초기비용이 얼마나 들지 예상해보는 것입니다. 거주지를 마련하는 비용과 기본적인 생활비, 그리고 자녀를 양육할 경우의 비용 등입니다. 소송이혼을 해야 하는 경우라면 이혼을 위한 변호사 비용까지 고려해야겠죠. 물론 이혼 과정에서 재산분할이나 위자료 등의 금전을 지급받을 수 있지만, 재판으로 진행하게 될 경우 상당한 시간이 소요될 수 있고, 상대가 지급을 거절할 경우 강제로 이행시키는 데에도 시간과 노력이 소요된다는 점에서 어느 정도의 독립 비용은 스스로 마련해 둘 필요가 있습니다. 이를 위해 남편이 주는 생활비를 아껴서 조금씩 비자금을 만들어 두거나, 시간을 쪼개 파트타임 아르바이트를 하여 돈을 모아둘 수도 있습니다. 다행히 직접 남편의 재산을 관리하고 있는 상황이라면 내 명의로 일단의 재산분할을 미리 해 두는 것도 좋은 방법이 될 수 있습니다. 여유가 있는 가족이나 지인에게 빌릴 수도 있겠지만, 가까운 사이일수록 금전관계는 바람직하지 않습니다.

　다음으로 고민해야 할 문제는 독립생활을 위한 장기적인 관점에서 경제력을 키우는 것입니다. 얼마 동안이야 모아둔 비상금으로 생활이 가능하겠지만 결국에는 혼자서 생계를 유지할 수 있는 근본적인 능력이 필요합니다. 앞서 초기 독립비용 마련을 위하여 잠깐 하게 된 파트타임 아르바이트라 하더라도 고용주로부터 신뢰를 얻게 된다면 계속해서 일을 할 수 있는 기회가 주어질 수 있습니다. 또한 기술이 필요한 직업에 종사하며 일단 배움의 기회를 가지는 것도 좋습니다. 요즘에는 나이와 상관없이 취득할 수 있는 자격증도 많으므로 자신의 적성에 잘 맞는 기술을 습득하고 자격증을 취득하는 것도 경제적 독립에 큰 도움이 될 것입니다. 파트타임이라도 직장을 구하기 쉽고 돈벌이에도 도움이 될 수 있는 자격증이 현실적으로 더 큰 도움을 줄 것입니다.

여기에서 강조하고 싶은 말은, 초기 독립비용이 마련되지 않고 경제적 능력이 아직 준비되지 않은 상황이라면, 당장 이혼을 할 단계가 아니라는 것입니다. 이혼은 오랫동안 준비해야 극복할 수 있는 아주 힘든 여정이라는 사실을 기억하고, 특히 경제적인 문제가 이혼 후의 삶에 있어서 결정적인 문제가 될 수 있음을 잊지 말아야 합니다.

자녀가 있는 경우의 이혼 :
이혼 전 준비해야 할 것들

엄마 아빠가 이혼한다는 사실 이해시키기

본능적으로 동물은 안전한 상태에 있고 싶어 하는 욕구가 있습니다. 그런데 부모들이 사이가 좋지 않고 다투는 모습을 보인다면 어떨까요? 당연히 자녀는 안전하다고 느끼지 못합니다. 자녀는 부모님 사이가 좋지 않다는 사실을 너무나 쉽게 알아챕니다. 반대로, 부모가 너무 자주 혹은 심하게 다투는 모습을 지켜보았다면 차라리 부모가 떨어져 있기를 원할 수도 있습니다. 자녀는 부모가 생각하는 것보다 현재 우리 가족이 어떤 상황인지 훨씬 정확하게 인식하기 때문이지요.

자녀는 부모가 말해주기 전에도 이미 현실에 어떻게 대응해야 하는지도 생각하고 있습니다. 부모 중 한 명이 고민하고 망설인 끝에 배우자와 더 이상 살 수 없다, 이혼 말고는 답이 없다는 결론을 내리기 전에 그 자녀는 이미 부모의 결말을 예상하고 있었을지 모릅니다.

따라서 부모는 자녀에게 현재의 상황에 대해 진지하게 설명을 해 주어야 합니다. 엄마와 아빠가 이혼을 하게 되면 아이의 생활이 어떻게 달라질 것인지 알려주고, 아이의 의견을 들어보는 것이 좋습니다. 이혼을 하더라도 부모자식 간의 관계는 끊어지지 않는다는 사실을 이해할 수 있다면 자녀는 훨씬 수월하게 부모의 이혼을 받아들일 수 있습니다.

다만 부모의 이혼에 대해 설명하는 과정에서 배우자에 대한 험담을 하지 않도록 주의해야 합니다. 상대방은 내 아이의 부모이기도 하기 때문입니다. "네 엄마는 이렇게 나쁜 사람이다." "네 아빠가 바람을 피워서 이혼하는 것이다."라는 식으로 험담을 하는 것은 아이의 근원을 욕하는 것으로 받아들여 질 수 있습니다. 나아가 아이가 세상을 원망하고 적개심을 갖게 될 수 있으므로 주의해야 합니다.

엄마 아빠 중 누구와 살 것인지 상의하기

협의이혼이든 소송이혼이든 미성년 자녀가 있는 경우엔 누가 양육권자가 될 것인지, 즉 앞으로 누구와 함께 살 것인지 정해야 합니다. 법적으로는 부부 두 사람만 합의하면 양육권자를 정할 수 있지만 자녀도 당사자 중 하나이므로 아이가 누구와 함께 살고 싶어 하는지 의견을 적극적으로 수용해 가족 모두가 합의하는 것이 가장 바람직합니다. 만약 양육권자에 대한 합의가 이루어지지 않으면 법원이 정하게 되는데, 법원은 직접 자녀의 의사를 물어본 후 양육권 결정에 참고하지만 간혹 부모나 자녀의 뜻과 다르더라도 객관적으로 자녀의 복리에 가장 바람직하도록 양육권을 결정할 수 있습니다.

함께 살지 않는 엄마 또는 아빠와 얼마나 자주 만날지 정하기

양육권을 갖지 못한 엄마 또는 아빠는 면접교섭권을 이용하여 정기적으로 자녀를 만날 수 있습니다. 보통 월 2회, 주말 중 하루를 정하여 함께 살지 않는 엄마 또는 아빠가 자녀를 데려갔다가 다시 보내주는 방식으로 면접교섭권을 행사할 수 있습니다.

그러나 당사자만 합의한다면 더 자주, 더 오랜 시간 만날 수 있도록 정할 수도 있습니다. 따라서 자녀에게도 함께 살지 않는 아빠 또는 엄마와 함께 유대감을 느낄 수 있도록 얼마나 자주 만날지에 대하여 이야기를 함께 나누어 보는 것이 좋습니다.

어린이집 또는 학교 선생님에게 말하기

이혼 사실을 주변에 알리는 것만큼 곤혹스러운 일도 없습니다. 더구나 내 주변뿐 아니라 아이에게까지 영향을 줄 수 있는 사람이라면 더욱 망설여질 수밖에 없습니다.

부모의 이혼은 자녀의 신상에 일어난 중대한 변화입니다. 어린이집 또는 학교 선생님에게 미리 알려주는 것이 좋습니다. 흔히 학부모는 자녀가 학교에서 어떻게 생활하는지 궁금한데 선생님이 잘 알려주지 않는다고 걱정하는 반면, 학교에서는 부모가 자녀에 관한 이야기를 제대로 전달해 주지 않고 선생님이 잘 챙겨 주기만을 바란다고 어려움을 토로하기도 합니다. 이는 학부모와 선생님 사이에 원활한 소통이 되지 않고 있음을 의미합니다.

이혼 사실을 알리는 것이 자존심이 상한다고 생각하거나 사생활이라고만 여길 일이 아니라 자녀의 신상에 생긴 중대한 변화이므로 학교에서 자녀가 예전과 다른 행동을 하는지 여부를 신속하게 알 수 있도록 선생님에게는 이혼 사실을 알려주는 것이 좋습니다.

주거지 마련 :

이혼 후 어디서 살 것인가?

결혼 3년만에 이혼을 결심하고 내심 준비에 나선 K, 이혼을 하고나면 어디서 살아야 할까요?

이혼을 하고난 후 안락한 생활을 기대한다면 이제 어느 곳에서 살 것인지에 대한 고민과 함께 거주비용을 어떻게 마련할 것인지 미리 준비하여야 합니다.

사실 K는 이혼을 결심했지만 살 집에 대해서는 별 다른 고민을 하지 않았습니다. 직장으로부터 멀지 않은 곳에 친정 부모님이 살고 계시기 때문에 이혼을 하면 예전처럼 친정으로 들어가 함께 살면 될 것이라고 막연히 생각한 것이지요. 무엇보다 집을 마련하는 비용도 절약되고, 또한 상처받은 마음 역시 영원한 내 편인 부모님과 함께 지내면서 심리적인 안정을 얻을 수 있으리라고 기대한 것입니다.

그러나 이혼을 한 후 실제로 부모님과 함께 살게 된 K는 불과 2달만에 독립을 결심합니다. 대체 무슨 일이 생긴 걸까요?

출가했던 K가 이혼을 하고 함께 살게 되자, 부모님은 혼자가 되어 눈앞에 나타난 자식 걱정에 마음이 편치 않았습니다. K의 사생활은 다 큰 자녀를 다시 돌본다는 명목으로 매사 부모님으로부터 간섭을 받았고, K는 새로운 짝을 만나 재혼을 할 수 있을지에 대한 부모님의 걱정 때문에 오히려 더 큰 스트레스를 받고 눈치를 봐야 했습니다. 결국 사사건건 부모님의 간섭과 지나친 걱정 때문에 K는 더 이상 부모님의 집이 내 집 같지 않다는 생각을 하게 되었던 것입니다.

그렇게 K는 작은 오피스텔을 얻어 독립하게 되었고, 과거에 부모님과 함께 살 때보다는 경제적으로나 의식주 여건이 다소 떨어지기는 했지만 현재의 생활에 만족하고 있습니다.

사실 독립적인 주거지를 마련하는 데 가장 중요한 요소는 경제력입니다. 아무래도 다른 가족과 함께 살게 된다면, 기본적인 주거비용을 절약할 수 있지요. 특히 별다른 자산이나 수입이 없는 가정주부가 자녀의 양육까지 책임지게 되었다면 아무래도 독립적인 주거공간을 마련하는 것이 현실적으로 어려울 것입니다. 물론 운이 좋아서 상대로부터 재산분할이나 위자료를 두둑하게 챙겼다면 달라지겠지만요.

사람은 결혼을 하면서 어른이 된다고들 합니다. 부모로부터 독립하여 스스로의 가족을 형성하고, 경제적으로나 정신적으로 자립하게 되기 때문이지요. 그런데 이혼을 했다고 해서 결혼 전 부모님의 간섭을 받던 상황으로 돌아가 만족하며 적응할 수 있을까요? 그것은 마치 몸집이 커져버려 더 이상 어린 시절에 입었던 옷이 맞지 않는 것처럼, 이제는 불편하고 어색할 뿐입니다. 형편이 지극히도 어렵다거나, 워킹 맘이나 워킹 대디로서 어린 자녀를 양육해 줄 다른 가족이 반드시 필요한 경우가 아니라면 이혼 후 독립된 주거지를 어떻게 마련할지 미리 계획을 세우도록 적극적으로 권합니다.

이혼은 협의를 하든 소송을 하든 그 과정에 상당한 시간이 소요됩니다. 부디 그 시간 동안 상처받은 마음에 눈물만 흘리지 말고, 안락한 싱글 생활을 위하여, 한 발 물러서 독립된 현실을 준비해봅시다.

내 편을 만들어요 :
친구들과 가족들 확보하기

　이혼은 다른 누군가 대신 해 줄 수 없습니다. 내가 직접 겪어가며 해결해야 하는 외로운 길을 가야 합니다. 특히나 주변에 이혼해 본 사람이 없다든지 화목한 가정에서 자란 경우에는 더욱 외로워질 수도 있습니다. 그 누구도 나의 이혼을 이해해 주지 못한다면 가족들과 함께 있는 자리조차 불편해지기 마련입니다.

　필자 역시도 보수적인 집안 분위기 탓에 이혼을 결심하고도 가족들에게 민폐를 끼친다는 생각에 늘 마음이 편치 않았습니다. 이혼하는 과정에서 겪어야 하는 힘들었던 일들도 가족에게 털어놓고 위로받기 어려웠습니다. 특히나 어린 나이에 결혼하고 이혼했던 터여서 필자의 주변에는 이혼한 사람도 거의 없었지요.

　사실 이혼 자체보다도 그런 일들이 더 힘들었던 기억이 납니다. 나이가 들면서 주변에 이혼하는 사람들이 많아졌는데, 그럴 때마다 필자는 그들의 상황에 공감을 해 주고 정신적으로 지지해 주어야 한다는 생각이 들었습니다. 먼저 겪어본 사람이 주변에 있다는 사실만으로도 큰 힘이 되거든요. 특히나 같은 일을 겪은 사람이 지금은 행복하게 살고 있다면 더욱 도움이 되겠죠. 그런 의미에서 이혼을 하더라도 나를 응원해 줄 친구들이나 가족들이 있다면 큰 힘이 됩니다.

가장 좋은 방법은 가족들을 이해시키는 것입니다. 일단 이혼을 감행하고 나면 가족들은 상황을 받아들이고 내 편이 됩니다. 가족들은 누군가의 이혼을 막고 싶은 것뿐이지, 기왕에 이혼한 뒤에는 미련을 버리고 상황을 받아들이게 됩니다. 나를 이해해 주고, 간혹 상대방을 탓하며 이혼하길 잘했다고 지지해 주기도 합니다.

하지만 이것은 이혼을 한 뒤에 일어나게 되는 일이고, 이혼을 결심하고 진행하는 과정에서는 한사코 반대하는 가족들을 설득하는 일이 가장 어렵습니다. 따라서 왜 이혼을 하려고 하는지, 이혼이라는 극단적인 선택을 피하기 위해 얼마나 노력하였는지 설명해 줄 필요가 있습니다. 만일 부모님이 매우 보수적이어서 설득하기가 어렵다면 가까운 형제자매에게 먼저 털어놓고 도움을 요청하도록 하는 것이 좋습니다. 아무래도 같은 세대인 형제자매는 부모님보다는 이해의 폭이 더 넓을 것이기 때문입니다. 형제나 자매를 내 편으로 먼저 만들어 든든한 버팀목으로 삼고 부모님을 설득해보세요.

필자는 이혼 과정에서 부모님의 거센 반대로 인하여 받았던 상처가 이혼 그 자체보다 더 크게 느껴졌습니다. 그러나 여동생으로부터 지지를 받고 부모님을 설득하기 위해 나서 주는 등 큰 힘이 되어주기도 했고, 그런 지지를 바탕으로 이혼하고 난 뒤에도 금세 회복할 수 있었습니다.

건강한 자아를 가진 친구와 함께 많은 시간을 보내는 것도 좋습니다. 남 눈치를 많이 보거나 신경을 많이 쓰고, 행복의 기준을 타인에게 두고 남과 비교를 하는 그런 친구가 아닌, 튼튼한 자아를 바탕으로 행복하게 살아가는 그런 친구들 말이지요. 자기를 존중하고, 스스로 행복할 줄 아는 친구들은 진심으로 이해해 주고 내 편으로서 훌륭한 조언자가 되어 주기도 합니다. 나의 이혼에 대해 편견을 가지지 않고, 내가 가장 행복할 수 있는 길을 가르쳐 주기도 합니다. 이혼 후에도 그런 친구들과 함께 하는 것만으로도 상처에서 쉽게 회복이 될 수 있습니다.

다만 무조건 많은 친구에게 이혼한다고 속마음을 털어놓지 않도록 주의해야 합니다. 남과 비교하기 좋아하거나 한때 나를 시기했거나 혹은 남의 불행이 자신의 행복이라고 여기는 행복에 대한 상대적인 기준을 가지고 있는 사람들은 심각한 이슈인 이혼을 두고 가십처럼 말하고 다니기 좋아할 뿐이며 없는 사실을 지어내 곤란한 상황에 빠뜨리기도 합니다. 즉 진심으로 나를 위하는, 건강한 자아를 지닌 친구들과 어울리고 그들에게만 털어놓는 것이 좋습니다.

가족도 친구도 어렵다면, 익명의 인터넷을 통해 이혼 과정에서 겪게 되는 고통과 마음 아픈 일들을 털어놓는 방법도 있습니다.

포털 사이트에 있는 많은 돌싱 커뮤니티에 가입해 앞서서 이혼이라는 길을 걸었던 이들의 이야기와 조언을 들을 수도 있고, 즐겁게 살아가는 그들의 삶을 통해 용기를 얻을 수도 있습니다. 또한 비슷한 처지에 놓인 사람들과 어울리면서 마음속에서 일어나는 죄책감이나 부담감을 덜 수 있다는 장점도 있습니다. 익명으로 활동할 수 있기 때문에 사생활을 노출하지 않아도 되므로 부담이 없고, 다른 사람과 어울리는 자리가 꺼려지는 시기에 비슷한 사람들과 어울리면서 위로를 받을 수 있기도 합니다. 운이 좋으면 그런 커뮤니티에서 새로운 운명을 만날 수도 있겠죠. 다만 아무래도 익명의 공간이고 개인의 신분이 확실하지 않으므로 진지하게 사람을 사귀는 것은 시간을 두고 신중하게 접근하는 것이 좋겠습니다.

상대와 같은 직장, 업종에 종사하고 있다면

　사내 연애만 하다가 헤어져도 주변의 시선이 부담스럽고 힘들기 마련입니다. 하물며 결혼생활을 함께 했던 상대와 같은 업종에 종사하는 경우라면 이혼이 망설여질 수밖에 없습니다. 이혼을 하더라도 부득이 마주치게 되거나 함께 알고지내는 지인이 많아 불편해지지 않을까 걱정스럽지요. 새로운 사람을 만나더라도 계속 소식이 들려오는 전 배우자 때문에 껄끄러울 것 같고, 커리어나 직장 내 평판에 문제가 생기지 않을까 등등 걱정이 끊이지 않습니다.
　그러나 협의이혼으로 원만하게 마무리하든, 1년 이상 걸리는 이혼소송을 하든 이혼하는 과정을 겪고 나면 이런 걱정은 어느 정도 기우에 가깝습니다. 이혼하는 과정은 감정적으로 매우 고통스럽고 금전적으로 큰 손실을 떠안게 됩니다. 하지만 정작 이혼을 하면 전 배우자에게 어떠한 감정도 남아 있지 않거나 더 이상 떠올리기 싫은 기억으로만 남을 뿐, 상대에 대한 증오나 적개심이 계속 남게 되는 경우는 많지 않습니다.

다만 주변에서는 이혼한 사람의 상태를 잘 이해하기 어렵기 때문에 '업무에 소홀하지 않을까?'하는 시선으로 바라볼 수 있으므로 직장에서 자신의 업무에 최선을 다해 대해야 합니다. 그리고 정작 이혼 당사자들보다 직장 동료들이 더 큰 영향을 받기 쉬운데, 직장 동료들이 남편과 아내 쪽으로 반씩으로 갈라지는 경우 직장 분위기가 어떨지 충분히 짐작이 되겠지요. 따라서 사내커플이 이혼을 하게 되면 적어도 직장에서는 서로 마주치지 않도록 부서를 변경한다든지 조정을 할 필요가 있습니다.

같은 직업을 갖고 있다고 하더라도 직장이 다른 경우라면 이혼을 결정하는 데 큰 의미를 둘 필요는 없습니다. 사실상 일상에서 마주칠 일이 별로 없기 때문입니다. 자신이 종사하는 직업군이 좁기 때문에 타인의 시선이 걱정스럽겠지만, 사실 누구나 자기만의 걱정거리를 안고 살아가기 때문에 내 이혼 소식이 전해진다 한들 "그랬구나."하는 식으로 커피 한잔 마실 때의 가십거리 이상으로 심각하게 생각하지 않습니다. 아무도 내 걱정을 하지 않는데, 나 혼자 머리를 싸매고 끙끙 앓는 것과 같지요.

해외로 떠나버리는 것은 어때요?

셋 중 한 쌍이 이혼하는 시대다 보니 요즘에는 생각하는 것만큼 편견이 크게 느껴질 일은 별로 없습니다. 게다가 사실 사람들은 다른 사람의 일에 그다지 큰 관심이 없습니다. 내 얼굴에 난 뾰루지는 정말 크게 보이지만 다른 사람들의 눈에는 생겼는지조차 잘 모르기 마련입니다.

필자는 만 스물넷에 결혼해 스물여덟에 이혼을 하고, 해외에 나가 살다가 서른이 넘어 한국으로 돌아왔습니다. 처음 한국으로 돌아왔을 때는 이혼녀에 대한 사람들의 반응을 보고 두려움을 느꼈던 것도 사실입니다. 이혼에 많이 관대해지고 열린 사고가 일반적이지만 그럼에도 필자를 더 놀라도록 만들었던 것은 뜬금없이 던지는 사람들의 질문이었습니다.

"공부만 하느라 연애는 안 하니? 이제 결혼해야지~"

굉장히 많이 들었던 말입니다. 심지어는 필자의 결혼식에 참석했던 지인조차도 오랜만에 만난 필자에게 그렇게 말했습니다. 그저 한국문화의 오지랖이라고 넘겨버리는 게 찜찜해서 그나마 친하게 지냈던 지인에게 물어보았습니다.

"오빠, 제 결혼식에도 오셨으면서 왜 자꾸 결혼 안 하냐고 물어요?"

그러자 지인이 놀란 표정으로 대답하였습니다.

"너 결혼 했었니?"

나이가 들어가면서 그들을 어느 정도 이해하게 되었습니다. 필자 역시 누군가가 결혼 혹은 재혼을 한다고 하였을 때, 전에 결혼식에 갔었던 것 같기도 하고 초혼인 것 같기도 하다는 겁니다. 그가 결혼을 했었는지 아닌지 기억이 잘 나지 않았다는 것이지요.

우리는 다른 사람의 일에 신경을 쓸 만큼 정신적인 여유가 많지도 않을 뿐더러 우후죽순처럼 쏟아지는 누군가의 결혼 소식을 들으면서 누가 결혼을 했는지 안 했는지를 일일이 적어두거나 기억해 두지 않기 때문입니다.

필자는 현재 재혼을 하였습니다만, 가끔 가까운 지인조차 현재의 남편이 예전의 남편인지 재혼한 남편인지 알지 못하는 경우도 많고(말을 해 준 적이 있다고 하더라도) 재혼이라는 것 자체를 잊어버린 경우가 많습니다. 따라서 이혼을 했다고 기죽거나 도망가거나 숨을 필요는 전혀 없습니다.

그럼에도 불구하고 이혼한 사실 자체를 두고 자존감과 자신감을 잃고 남들의 눈치를 많이 보는 사람이라면 외국으로 떠나는 문제를 고려해볼 수도 있습니다. 바로 필자가 바로 그러한 사례입니다.

  필자는 전남편과 이혼을 결심하고도 실행하지 못한 채 고통스런 결혼생활을 회피하였고, 다른 사람들에게 그런 모습을 보여주기 싫어 해외로 떠나기로 결심했으니까요. 혼인 상태는 내버려둔 채 해외로 떠나 별거를 시작한 것이지요. 그렇게 별거하는 동안에는 전남편과 거의 연락을 하지 않았고, 새로운 삶에 적응하느라 정신없이 보냈습니다.

  결론적으로 필자의 경우 부모님이 남들의 눈치를 많이 보고 보수적이라 해외로 떠난 것은 탁월한 결정이었습니다. 비록 해외로 떠나 한국에서만큼 돈을 벌 기회가 적고 경제적으로 어렵게 살았지만, 마음은 행복하였습니다. 4년이 지난 후에야 겨우 서류상으로 확실하게 정리(=협의이혼)할 수 있게 되었습니다만, 해외에서 지내는 동안 가족이나 동료들의 눈치를 보지 않고 혼인했던 사실조차 모르는 사람들과 어울리면서 '이혼녀'라는 주홍글씨가 없는 삶을 살았습니다.

  필자는 자존감이 조금 높아졌을 때쯤, 외국인 친구들에게 결혼 경험이 있으며 이혼을 고려 중이고 별거하고 있는 중이라는 사실을 털어놓을 수 있었습니다. 친구들의 반응은 예상과는 다르게 별일 아니라는 식이었고, 이에 필자는 이혼이라는 굴레를 좀 더 가볍게 볼 수 있었습니다. 이혼은 죄가 아니며, 잘 맞지 않는 배우자를 만나는 실수를 할 수도 있는 것이고, 그것은 성숙하지 못했던 어린 시절에 충분히 겪을 수 있는 일이라는 것을 깨달았습니다.

수 년 동안 해외에서 생활하는 동안 남들의 눈치를 덜 보는 법을 배웠고, 이혼에 대해 태연해질 수 있었으며, 용기를 내어 협의이혼도 진행할 수 있었습니다.

만일 본인이 남들의 시선에 민감하고, 주변의 사회적 자원(가족들, 친구들)이 이혼이라는 결정에 반대하는 입장이라면, 해외에서 당분간 일자리를 구해 살아보라는 조언을 하고 싶습니다. 일자리를 구하는 것이 어렵다면, 유럽 쪽으로 어학연수라도 가서 잠시라도 살아보고 오라고 하고 싶습니다. (영국의 경우, 어학연수를 하러 가더라도 일을 할 수 있는 자격을 부여하기 때문에 당장 큰돈이 없더라도 서빙 등의 일을 하며 생계를 유지할 수 있습니다.)

혹시나 아이가 있고, 이혼 가정이라는 이유로 아이가 잘못된 편견에 노출될까 걱정이 된다면 더욱 해외로 이주하는 것도 추천합니다. 물론 해외로 이주하는 것은 여러 가지 형편이 맞아야 가능한 일이겠지만, 적극적으로 찾아본다면 기회는 많습니다. 애견미용, 네일아트 등의 자격증을 따서 언어가 크게 필요 없는 기술직으로 해외 이주를 가는 방법도 있고, 외국인에 대한 복지가 잘되어 있는 독일 같은 나라로 가는 방법도 있습니다.

CHAPTER. 7

지피지기면 백전백승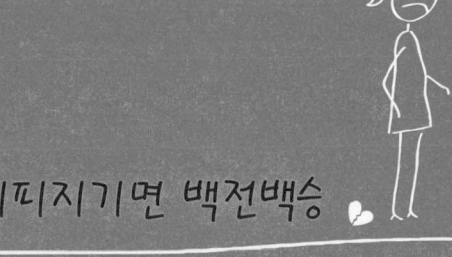

이혼 과정에서 오가는 돈의 종류 :
재산분할, 위자료, 양육비

　미스코리아 출신 K 씨는 배우로 변신해 한창 인기를 얻고 있을 무렵, 갑작스럽게 백화점 등 유통업계 재벌가에 시집을 가서 모두의 부러움을 샀습니다. 이후 그녀는 결혼 8년만에 협의이혼을 하고, 다시 브라운관에 복귀하여 이제는 심심치 않게 대중 앞에 다시 모습을 보이고 있는 중입니다.

　워낙 결혼생활이 알려지지 않아서 결혼과 이혼에 대해 궁금증을 자아내기도 했는데, 최근 어떤 텔레비전 프로에서 이혼하는 과정에서 위자료로 몇 억 원을 받았다는 말이 있었습니다. 물론 대중들은 "생각보다 적은 금액을 받았다, 재벌가가 너무 짜다."라는 식의 반응을 보이기도 했지요.

　흔히 이혼을 하게 되면 상대로부터 돈을 얼마나 받을 수 있는지, 또는 얼마나 주어야 하는지 궁금하게 여깁니다. 조금은 치사하더라도 앞에서 여러 번 언급했듯이 결국 이혼에서 가장 중요한 현실적인 문제는 돈이니 말입니다.

이혼하는 과정에서 상대와 사이에 주고받게 되는 돈의 성격은 크게 3가지입니다.

첫째, 재산분할입니다.

재산분할은 결혼생활의 파탄이나 이혼에 이르게 된 책임이 누구에게 있는지 여부와는 무관하게, 혼인관계를 유지하는 동안 부부가 공동으로 축적한 재산에 관하여 이혼 과정에서 이를 원래 소유관계로 재분배하는 것입니다. 혼인관계가 유지되는 동안에는 부부가 정확히 반반씩 각자 명의로 재산을 모으는 경우보다 편의상 일방의 명의로 재산을 모으는 경우가 많습니다. 예를 들면 아파트는 남편 명의로, 차량과 예금은 아내 명의로 하는 식입니다. 그래서 이혼 과정에서 이런 한 쪽으로 치우친 재산들에 관하여 부부가 원래 네 것, 내 것으로 구분하여 나누어 갖는 것입니다.

그렇다면 별다른 소득이 없는 가정주부는 어떠할까요? 이전에는 가정주부의 경우 가사노동으로 인한 재산축적 기여도를 30% 정도로 보아, 전체 재산의 30% 정도만을 분할해 주었는데, 지금은 가정주부인 경우에도 절반인 50%의 재산분할을 하는 것이 일반적입니다.

또한 원칙적으로는 결혼 이후에 새롭게 형성된 재산, 즉 함께 모은 재산에 대해서만 재산분할을 하여야 하지만, 법원에서는 혼인관계가 20년, 30년 등으로 길어진 경우에는 부부가 결혼 이전부터 가지고 있었던 재산을 유지하는 데에도 서로 기여를 했다고 인정하여, 결혼 이전부터 갖고 있었던 재산에 대해서도 재산분할을 해 주기도 합니다.

따라서 이런 점에서 보면, 결혼기간이 몇 년 정도로 짧은 경우에는 아무리 상대가 재벌가라고 하더라도 원래부터 많은 재산을 갖고 있었으므로 재산분할의 대상이 될 수 있는, 즉 결혼하고 나서 새롭게 축적한 재산은 많지 않을 수도 있게 되는 것입니다.

둘째, 위자료입니다.

아마 흔히 위자료에 대한 이야기를 가장 많이 들어봤을 것입니다. 위자료는 결혼생활의 파탄이나 이혼에 이르게 된 책임이 있는 사람이 상대에게, 정신적 고통의 대가로서 지급하는 손해배상입니다. 쉽게 예를 들면, 바람을 피운 사람이 상대방에게 마음을 아프게 해서 미안하다는 취지로 주는 돈입니다.

그런데 실제로 당사자 사이에 이루어지는 합의이혼 과정에서는 재산분할과 위자료의 개념을 명확하게 구분을 짓지는 않습니다. 단순히 재산분할과 위자료를 합하여 얼마를 주겠다는 식으로 합의되는 경우가 일반적입니다.

반대로 재판상 이혼을 하는 중 법원이 재산분할과 위자료를 결정하게 되는 경우 재산분할은 재산의 절반, 위자료는 통상 3,000만 원 이내로 엄격하게 구분하여 판단하고 있습니다.

셋째, 양육비입니다.

양육비는 미성년의 자녀가 있는 경우, 자녀를 키우지 않는 사람이 자녀를 키우는 사람에게, 그 비용을 분담해서 지급해 주는 것입니다. 구체적인 금액은 부부가 협의하여 정할 수 있고, 협의가 되지 않을 경우 법원에서는 보통 양육비 기준표에 의해 금액을 결정하게 됩니다.

  이제 이혼 과정에서 주고받는 돈들의 성격에 대해서는 간단히 이해되었으니, 조금 더 현실적인 관점에서 돈을 주고받는 내용에 접근해보겠습니다.

배우자가 재산을 빼돌린 것 같아요.
찾을 방법이 없을까요?

이혼 과정에서 상대로부터 재산분할과 위자료, 양육비 등 받아야 할 돈이 있다면, '미리' 상대의 재산을 파악하고 확보해 두는 것이 현실적으로 매우 중요합니다. 상대방의 재산을 파악하기 위하여 법원에 상대의 재산목록을 제출하도록 요청하는 재산명시제도 및 금융기관에 상대의 재산 현황을 알려달라고 요청하는 재산조회제도가 있기는 하지만, 상대가 적극적으로 재산을 숨기거나 이미 재산을 빼돌린 경우라면 사실상 무용지물이 될 가능성이 매우 높기 때문입니다.

좋았던 부부관계가 하루아침에 나빠져 이혼에 이르게 되는 것은 아니므로, 부부는 이혼 전 상당한 냉전기간을 거치게 됩니다. 이러한 냉전기간 동안에는 부부가 각자 재산을 관리하게 되는 경우가 일반적입니다. 그런데 이 경우 대부분의 자기명의로 된 공동재산을 이혼에 대비하여 미리 주변 가족들이나 지인 명의로 빼돌려 놓는다면 막상 이혼에 이르러 재산분할을 하게 될 때 기대했던 상대의 재산 대부분은 사라져버린 상태일 수 있습니다. 또한, 각자 재산을 관리하다 보면 실제 상대명의로 어떤 재산이, 얼마나 있는지 파악조차 되지 않는 경우도 많습니다.

실제로 20년 동안 결혼생활을 하면서 맞벌이를 해온 변호사 A(아내)와 금융회사 임원 B(남편)가 오랜 갈등으로 이혼을 하게 된 사례가 있습니다. 혼인기간 동안 대부분의 재산은 남편 B의 명의로 되어 있었고, 이에 A는 B를 상대로 재산분할 청구를 하기 위해 법원을 찾았다가 남편의 재산내역을 확인하던 중 말이 되지 않을 정도로 적은 것을 보고 깜짝 놀랐습니다. 이혼을 예감한 B가 이미 시댁 식구들에게 재산을 조금씩 돌려놓았던 것입니다.

따라서 일단 이혼에 대한 결심이 섰다면, 상대에게 내색하지 말고 미리 상대의 재산현황을 파악해 둘 필요가 있습니다. 적극적으로 파악할 수 있는 방법이 있다면 가장 좋겠지만, 일단 소극적인 방법으로는 자택으로 송달되는 우편물 중 재산세 납부고지서를 통해 토지나 주택 등 부동산 소유현황을 파악할 수 있고, 우편물이나 이메일로 발송되는 신용카드이용 내역서를 통하여 자동결제가 연동된 은행 계좌번호를 파악할 수 있으며, 보험회사나 증권회사, 증권예탁원 등에서 오는 우편물 등을 통하여 보험, 주식 기타 금융자산을 파악할 수 있습니다.

그리고 상대의 재산현황이 파악되었다면, 재산분할 또는 위자료 청구소송을 제기하기 전이라도, 이후 상대가 재산을 숨기거나 소비해버릴 경우에 대비하여, 법원에 재산의 처분을 금지하고 우리의 권리를 우선적으로 행사할 수 있도록 요구하는 가처분 또는 가압류 신청을 통해 재산을 확보해 둘 필요가 있습니다.

혹시 미처 재산이 확보되지 않은 상태에서 재산분할 등을 청구했는데 이미 상대가 재산을 빼돌린 경우라면 어떻게 해야 할까요? 그 경우에는 법원에 상대가 혼인 파탄 즈음 재산을 빼돌린 정황이나 설명되지 않는 재산 소비가 눈에 띄는 상황을 부각시켜 주장함으로써 재산분할에서 유리한 결과를 얻도록 유도해볼 수 있습니다. 또한 재산분할청구권 행사를 함을 알면서 재산을 빼돌린 경우에는 민법상 채권자취소권을 행사하여 재산의 원상회복을 청구할 수도 있습니다.

다만, 이러한 상대의 재산확보와 사후조치에 관한 부분은 현실적으로는 매우 중요한 부분이나 동시에 법적인 이슈가 많은 부분이므로, 이 부분 만큼은 반드시 변호사 기타 전문가의 상담을 통하여 진행하실 것을 권합니다.

재산분할은 어떻게 해야 하나요?

이혼과 관련된 신문기사를 보면 재산분할이라는 말이 많이 나옵니다. 재산분할이란 혼인 중 부부가 취득한 재산을 이혼하면서 나누는 것을 말합니다.

이혼하면 부부가 함께 살던 집(전세자금도 포함), 자동차, 예금, 심지어 빚(채무)까지 나누어야 합니다. 위자료와의 차이점은 누가 잘못했는지를 묻지 않고, 누가 재산 형성에 더 많이 기여했느냐만 본다는 점입니다. 위자료는 결혼생활이 파탄 나서 이혼에 이르게 된 책임이 있는 사람이 상대방에게 주어야 할 일종의 손해배상입니다.

이혼을 하면서 재산을 나눌 때 결혼 전부터 각자 가지고 있었던 재산은 어떻게 되는 것일까요? 재산분할은 혼인 중 취득한 재산을 나누는 것이므로, 결혼 전 각자가 소유하였던 재산(부동산, 자동차 등)은 원칙적으로 재산분할 대상이 되지 않습니다. 즉 만약 애초부터 재산을 노리고 결혼한 경우 이혼하면 법률상으로는 이전에 모아놓은 재산을 나누어 받을 수 없습니다. 그러나 혼인 생활이 상당한 기간(대략 10년 이상) 지속되었다면 그 재산을 유지, 관리하는 데 상대방도 기여하였다고 보아 결혼 전에 취득한 재산이라도 나누게 됩니다.

그렇다면 경제생활을 하지 않는 경력단절 여성이나 전업주부도 재산분할을 신청할 수 있을까요? 부부가 결혼할 때 비용을 절반씩 부담하였고 결혼하고 나서 소득도 같았다면 부부가 혼인 중 취득한 재산에 절반씩 기여하였다고 볼 수 있습니다. 결혼하면서 혹은 자녀 양육을 위하여 아내가 직장을 그만두는 경우가 많은데, 전업주부라도 혼인 중 상대방 명의로 취득한 재산을 유지, 관리하는 데 일정한 기여도를 인정합니다.

혼인기간이 길수록 전업주부의 기여도를 높게 인정하는 경향이 있습니다. 대략 2010년경부터 법원은 혼인 10년 이상 된 전업주부의 재산분할을 40~50%로 정하는 경우가 많습니다. 따라서 결혼한 기간이 오래되면 오래될수록 전업주부도 재산을 반 정도는 받을 수 있게 되는 것입니다.

또한, 요즘에는 빚(채무)도 재산분할의 대상이 됩니다. 과거 대법원은 이혼시 재산분할은 '재산'에 대한 분할이므로 '빚'은 분할하지 않는다고 했습니다. 그러나 2013년에 판례를 변경하여 부부 합산 재산이 채무초과인 경우 채무를 나누어 분할할 수 있다고 판단하였습니다.

즉 남편이 1억 원의 빚이 있고 부인이 2억 원의 빚이 있을 경우 때에 따라서 전체 3억 원의 빚을 나누어 각각 1억 5천만 원씩을 갚도록 할 수도 있습니다. 다만 재산을 나눌 때처럼 기여도를 중심으로 비율을 정하여 반반씩 나눈다는 의미가 아니라 빚을 지게 된 이유, 사용한 곳과 금액, 부부의 경제적 활동과 장래 전망 등을 종합적으로 고려하여 채무를 나누게 됩니다.

나를 힘들게 하는 배우자, 억울해 하지 말고 위자료를 받으세요

위자료는 혼인관계를 파탄 나게 된 주된 책임이 누구에게 있는지, 즉 이혼에 이르게 된 책임이 누구에게 있는지를 기준으로, 책임이 있는 쪽이 상대방에게 손해배상으로 지급하는 돈입니다. 따라서 이혼에 이르게 된 주된 책임이 있는 사람, 예를 들면 바람을 피운 당사자는 상대에게 위자료를 청구할 수 없습니다.

그렇다면 상대의 잘못으로 이혼에 이르게 되었을 때, 우리는 위자료로 얼마 정도를 받을 수 있을까요? 상대와 위자료에 관한 원만하게 합의가 되면 좋겠지만, 만약 합의가 이루어지지 않아서 이혼소송으로 진행하게 된다면 법원이 위자료를 줄 것인지 여부와 금액을 정합니다. 상대에게 상당한 잘못이 있는 경우를 전제로, 통상 최대 3천만 원 정도를 지급하라는 판결이 나는 것이 일반적입니다.

간혹 상대가 재산이 많은 경우 기타 특별한 사정이 있다면 5천만 원 정도까지 위자료를 지급하라고 판결이 날 수도 있습니다.

이때 이혼에 이르게 된 상대의 잘못이 있기는 하지만 그리 크다고 볼 수 없거나, 주된 잘못은 상대에게 있더라도 나 역시 일정 부분 잘못한 부분이 있다면 위 수준의 금액에서 하향 조정되게 됩니다.

간통죄의 위헌판결로 더 이상 바람을 피운 사람이 형사처벌을 받지 않게 되자, 민사적으로라도 책임을 강화해야 한다는 의견이 있고, 그에 따라 이전보다 위자료 지급기준을 상향 조정해야 한다는 주장도 있기는 합니다. 하지만 아직까지 우리나라 법원은 위자료를 제한적으로 인정하고 있습니다.

따라서 주변에서 누구는 이혼하면서 억대의 위자료를 받았다고 하는 경우에는, 재산분할을 포함해서 돈을 받은 것이거나 아니면 합의를 통해서 통상적인 경우보다 더 많은 돈을 받은 것이라고 생각하면 됩니다.

다음으로 위자료는 누구에게 청구해야 하는 것일까요? 물론 부부 중 이혼에 이르게 된 책임이 있는 상대, 즉 잘못을 저지른 당사자에게 청구하는 것이 일반적입니다. 그런데 더 나아가 상대가 바람을 피워서 이혼을 하게 된 것이라면 그 바람을 피운 사람(상간자)에게도, 상대의 가족(시부모, 장인장모 등)의 부당한 대우로 이혼을 하게 된 것이라면 그 가족에게도, 함께 위자료를 청구할 수 있습니다. 이혼을 하지 않더라도 상간자에게 위자료를 청구할 수도 있습니다.

한편 실제 이혼과정에서는 본래의 의미와는 다르게 위자료 상당의 돈이 오가기도 합니다. 즉 혼인파탄의 책임이 누구에게 있는지와 무관하게, 이혼을 간절히 원하는 사람이 이혼을 원치 않는 상대를 설득하는 수단으로 지급하는 것이지요. 만약 상대방으로부터 이혼하자는 제안을 받고 이혼을 고민하고 있다면, 그리고 어차피 이혼을 피할 수 없는 상황이라면, 최대한의 위자료를 받아내는 것이 좋습니다. 특히 본인에게 재판상 이혼사유가 없는 경우라면, 상대에게는 협의이혼 외에는 이혼할 방법이 없기 때문에, 위자료 협상에서 더 유리한 지위를 차지할 수 있습니다.

아이는 내가 키우고 싶어요 :

친권과 양육권 대응하기

이혼 관련 신문기사를 보면 친권과 양육권이라는 단어가 많이 나옵니다. 특히 양육권을 누가 가졌는지에 대한 이슈가 많습니다. 친권은 부모가 미성년인 자녀를 보호하고 가르치고 법률행위를 대리하는 권리와 의무를 말합니다. 양육권은 그보다 좁은 개념으로 미성년 자녀를 보호, 감독, 교양할 권리를 말합니다. '누가 자녀를 데리고 키울 수 있는지'에 관한 문제지요.

친권은 자녀가 은행계좌를 개설하거나 휴대전화를 개통할 때 대리인이 될 수 있는 권리이고, 양육권은 자녀와 함께 거주할 수 있는 권리입니다. 이혼할 때 양육권의 경우 부부 중 한 사람만 가질 수 있습니다만(부부가 이혼하고도 함께 거주하는 경우가 아닌 한), 친권의 경우에는 공동으로 함께 가질 수 있습니다.

친권자, 양육권자는 어떻게 정해지는 것일까요? 부부간에 협의가 되면 쉽게 해결이 됩니다. 즉 나는 아이를 키우고 싶은데 배우자는 아이를 키우기 싫다고 하면 문제가 간단히 해결이 됩니다.

하지만 협의가 되지 않을 경우가 있습니다. 서로 아이를 키우고 싶어 한다든지, 혹은 그 반대로 서로 아이 없이 이혼하여 홀가분하게 새 삶을 살고 싶어 하는 경우입니다. 예전에는 서로 아이를 키우고 싶어 해서 아이의 양육권을 두고 법정에서 대립하는 경우가 많았지만, 요즘에는 서로 상대에게 아이를 키우라고 대립하는 경우도 많다고 합니다.

부부간에 양육권과 친권에 대한 협의가 되지 않으면 법원이 양육권자를 정하게 됩니다. 보통 자녀가 어릴 때는 엄마가 친권 및 양육자가 되는 경우가 많고, 자녀가 청소년인 경우에는 자녀의 의사를 반영하는 경우가 많습니다.

상대방이 양육을 하기로 협의하였더라도 시간이 지나면서 아이들에 대한 아쉬움, 그리움 그리고 미안한 감정 때문에 양육에 대한 소망이 생기도 합니다. 실제로 이혼할 당시에는 부주의나 경제적인 이유 등으로 양육권자를 상대방으로 지정하였다 하더라도, 자녀의 복리를 위하여 필요한 경우에는 양육권자를 되찾아 올 수도 있습니다. 가령 남편의 과도한 음주가 문제가 돼 이혼하기로 하면서 아내의 경제적 여건상 자녀를 양육할 형편이 되지 않아 남편에게 양육권을 주었다 하더라도, 이후 남편이 자녀를 제대로 돌보지 않는다는 사실을 알게 된 경우 법원에 양육권자를 변경해 달라고 요청할 수 있습니다.

엄마나 아빠 한 사람만 가질 수 있는 양육권과는 달리, 친권의 경우 부부가 공동으로 행사하도록 정할 수도 있습니다. 하지만 친권을 함께 가진 경우에는 번거로운 상황이 벌어지기도 합니다. 자녀 명의로 휴대폰을 개통하거나 은행계좌를 개설할 때도 이혼한 부모가 만나서 함께 서류를 작성하거나 상대방에게 신분증과 도장을 주어야 하는 등 쉽게 할 수 있는 일이 없고, 한 쪽이 재혼하거나 새로운 이성을 만나고 있는 경우 등에는 이혼한 전처, 전남편과의 만남으로 인해 불필요한 오해와 감정 소모가 발생할 수 있습니다.

따라서 요즘에는 이러한 문제로 인하여 친권과 양육권을 부모 중 한쪽에 몰아주는 편이고, 공동행사로 지정하였다가도 나중에 친권자변경 신청을 하여 다시 한 쪽으로 지정하기도 합니다.

상대방이 양육비를 주지 않으려고 해요

이혼을 하면서 미성년 자녀 양육권을 갖기로 하였다면, 자녀가 만 19세가 될 때까지 상대방으로부터 양육비를 받을 수 있습니다. 법원은 부모의 합산 소득을 바탕으로 양육비 기준표 만들어 두었습니다. 실제 이혼시에는 양육비산정 기준표를 기준으로 부모의 재산, 직업, 거주지역, 중증 질환 병원비 등 구체적인 사정을 고려하여 양육비가 산정됩니다. 부부가 절반씩 부담하기로 한 경우 양육권을 가진 사람은 상대방으로부터 아래 기준표 금액의 1/2을 받을 수 있습니다.

예 : 남편 소득 300만 원, 아내는 전업주부, 4세 자녀를 키우는 경우 부부의 합산소득은 300만 원이므로 아래 기준표상 양육비는 878,000원입니다. 아내가 자녀 양육권을 갖게 되면 남편으로부터 양육비의 절반(439,000원 = 878,000원x1/2)을 받을 수 있습니다.

부모합산소득 자녀나이	0~199만원	200만원 ~299만원	300만원 ~399만원	400만원 ~499만원	500만원 ~599만원	600만원 ~699만원	700만원 이상
	평균양육비(원) 양육비 구간	평균양육비(원) 양육비 구간	평균양육비(원) 양육비 구간	평균양육비(원) 양육비 구간	평균양육비(원) 양육비 구간	평균양육비(원) 양육비 구간	평균양육비(원) 양육비 구간
0세 이상 3세 미만	526,000	653,000	761,000	906,000	1,012,000	1,106,000	1,526,000
3세 이상 6세 미만	490,000	705,000	878,000	1,008,000	1,238,000	1,334,000	1,759,000
6세 이상 12세 미만	533,000	708,000	902,000	1,059,000	1,202,000	1,371,000	1,906,000
12세 이상 15세 미만	604,000	755,000	947,000	1,095,000	1,305,000	1,520,000	2,046,000
15세 이상 18세 미만	608,000	844,000	1,115,000	1,204,000	1,424,000	1,668,000	2,270,000
18세 이상 21세 미만	959,000	1,185,000	1,303,000	1,361,000	1,728,000	1,974,000	2,221,000

[2018년 3월 현재 적용 중인 2017년도 양육비산정기준표]

 미성년자인 자녀만 양육비를 받을 수 있을까요? 자녀가 성인이 되면 더 이상 양육비를 받을 수 없나요? 즉 성인이 되어서 다니는 대학 등록금에 대해서는 상대방에게 받을 수 없게 되는 것일까요?
 양육비는 부모가 미성년 자녀를 양육하고 보호하는 데 필요한 비용을 의미합니다. 민법은 성년을 만 19세로 정하고 있으므로, 만 19세 미만 자녀에 대해서만 양육비를 부담합니다. 따라서 양육비의 경우 성인이 된 자녀에게는 지급할 의무가 없습니다.
 반면 부양비라는 것이 있습니다. 직계혈족(부모, 자식) 및 그 배우자간(사위, 며느리) 또는 생계를 같이 하는 친족은 서로 부양할 의무가 있습니다. 이때의 부양의무는 부양을 받을 사람이 자력으로 생활을 유지할 수 없는 경우에 한해서만 부차적으로 발생하지요. 따라서 부모가 미성년 자녀에 대하여 갖는 부양의무는 일차적이고 면제될 수 없는 반면, 성년이 된 자녀와 부모 사이에서는 부수적 그리고 제한적으로만 인정된다는 차이가 있습니다. 즉 터무니없는 비용은 성인이 된 자녀에게 부양비로 낼 필요가 없으나, 그 자녀가 치료에 큰돈이 드는 병에 걸렸다든지 하는 경우에는 성인이 되어서도 일정 정도 부양비를 지급할 의무가 생깁니다.

아래는 성년이 된 외국 명문대생이 유학비를 달라고 이혼한 아버지에게 부양료를 청구한 사건에 관한 뉴스입니다.

> **연합뉴스**
> **美 명문대생이 아버지에 유학비 소송.대법 "안 줘도 된다"**
> 입력 2017.09.11. 05:46 댓글 2001개
>
> 부모 이혼 다툼에 "2년치 학비·기숙사비 등 1억4천만원 달라"
> 대법 "아들은 성인..억대 유학비는 통상 생활비용 한도 넘어"

대법원은 "성인인 자녀에 대하여는 객관적으로 생활비를 자력으로 충당할 수 없는 곤궁한 상태이고, 부모가 사회적 지위에 맞는 생활을 영위하면서도 여력이 있을 때 부양료를 청구할 수 있다."는 원칙을 제시하면서 "억 대의 유학비는 부모가 지원할 의무가 있는 '통상적인 생활에 필요한 비용'의 한도를 넘어선 것"이라

는 이유로 부모는 자녀의 유학비를 대지 않아도 된다고 판단하였습니다. 그러나 만약 성인이 아니라 미성년 자녀였다면 부모는 유학비 전액은 몰라도 상당한 액수의 양육비를 지급하여야 했을 것입니다.

현실적으로 부모는 자녀가 대학생이 된 이후에도 학비, 생활비, 주거비, 용돈 등 각종 명목으로 경제적인 지원을 하고 있지요. 그러나 법률상 엄격히 따지자면 부모는 자녀가 제 힘으로 돈을 벌 수 없을 때에만 지원할 의무가 있을 뿐이며, 만일 자녀가 아르바이트라도 할 힘이 있다면 자기 스스로 돈을 벌어서 비용을 충당해야 하며 부모가 성년이 된 자녀에게 반드시 경제적 지원을 해 주어야 하는 것은 아닙니다.

원칙적으로는 자녀를 양육하지 않는 부 또는 모는 미성년자 자녀를 양육하는 쪽에 양육비를 지급하여야 합니다. 그러나 양육비를 줄 돈이 없다면서 양육비를 주지 않는 경우도 있고 이혼 후 아예 연락이 두절되는 경우도 있습니다.

양육비를 받아야 하지만 상대방이 주지 않는 경우 마냥 기다리고 있을 수만은 없습니다. 이럴 경우, 양육비이행관리원(www.childsupport.or.kr)의 도움을 받을 수 있습니다. 양육비이행지원 서비스는 자녀를 양육하는 부 또는 모(양육비 채권자)의 신청을 받아 비양육 부 또는 모로부터 양육비를 지급받을 수 있도록 당사자 간 협의성립, 양육비관련 소송, 추심, 불이행 시 제재조치 등을 지원하는 서비스입니다. 양육 부 또는 모(양육비 채권자)는 필요한 서비스를 지원받기 위해 각각의 단계마다 서비스제공 기관을 일일이 찾아갈 필요 없이 이행관리원에 1회 신청하는 것만으로 종합지원서비스가 가능합니다. 위의 웹사이트를 방문해 도움을 받으시길 바랍니다. 참고로 양육비이행관리원은 무료서비스입니다.

면접교섭권 :

양육권자가 아닌데 아이를 만나려면?

비양육자(이혼 후 자녀를 직접 양육하지 않는 일방)는 자녀를 만나고 연락할 수 있는 권리를 가지게 됩니다. 이를 면접교섭권面接交涉權이라 합니다. 과거에는 자녀를 직접 양육하지 않는 부모의 일방만 면접교섭권을 가졌으나 최근 민법이 개정되면서 자녀를 직접 양육하지 않는 부모 일방의 직계존속(시부모, 장인·장모) 역시 가정법원에 면접교섭을 청구할 수 있도록 하였습니다. 맞벌이부부가 많아지면서 조부모가 손주를 양육하는 경우가 많은데, 비양육자가 사망하는 등의 이유로 자녀를 만나지 못하게 되면 조부모라도 손주를 만날 수 있도록 하는 제도입니다.

보통 면접교섭권은 월 2회, 토요일 또는 일요일 일과 중 4시간 내지 8시간 정도 비양육자가 양육자의 집으로 가서 자녀를 데리고 갔다가 정해진 시간에 맞추어 다시 자녀를 양육자의 집으로 데려다 주는 방법으로 행사합니다. 물론 합의에 의하여 비양육자가 자녀를 더 자주, 더 오랜 시간 만나기로 정할 수 있습니다.

그렇다면 비양육자의 정신적 상태가 좋지 않아 면접교섭 과정에서 자녀가 혼란스러워 하는 등의 경우 비양육자의 면접교섭권을 제한할 수 있을까요?

면접교섭권의 행사는 자녀의 복리를 최우선으로 고려해서 정해지고 이루어져야 하므로 면접교섭이 자녀의 복리에 좋지 않은 영향을 주는 경우, 양육자는 비양육자의 면접교섭권 배제 또는 제한을 법원에 청구할 수 있습니다.

부부가 이혼하였다 하더라도 자녀와의 관계에서는 여전히 부모이므로 자녀를 만나는 기회 자체를 박탈하는 것은 매우 신중하여야 합니다. 따라서 단순히 양육자에 대한 험담을 하는 정도만으로는 면접교섭권을 제한하기 어렵고, 이를 넘어 부모라는 빌미로 자녀를 학대하는 경우에는 면접교섭권을 제한, 배제할 수 있습니다.

함께 키웠던 강아지나 고양이도 양육권을 정할 수 있나요?

필자의 주변에 있는 젊은 부부들 중에는 자녀는 없더라도 고양이나 강아지를 가족으로 맞아 함께 지내는 경우가 많이 있습니다. 결혼 전부터 키우던 반려동물을 결혼하면서 데리고 오는 경우도 종종 있지요. 또한 가족 형태가 다양화되면서 증가하고 있는 소위 딩크족(DINK, Double Income, No Kids, 맞벌이를 하며 의도적으로 자녀를 두지 않는 부부)들도 자녀보다는 비용과 책임의 부담이 적은 반려동물을 부부가 함께 키우는 경우가 많습니다.

2017년 9월 기준 반려동물 인구가 1,000만 명을 넘어서고 있고, 반려동물로 약 440만 마리의 개와 약 116만 마리의 고양이가 있는 것으로 추정된다고 하니, 얼마나 많은 반려동물이 우리네 가족구성원으로 포함되어 있는지 알 수 있겠죠.

그런데 이러한 반려동물을 함께 키우다가 이혼하는 경우에는 어떻게 되는 걸까요? 결론부터 이야기하면, 반려동물은 법률상으로는 "물건"에 해당하므로 재산으로 취급됩니다. 즉 법률적으로만 본다면, 침대나 장롱과 마찬가지로 이혼 시 재산분할의 대상이 되는 것이지요. 그렇다면 서로 자신의 아이라고 주장하는 두 엄마에게 아이를 반으로 가르라고 했던 솔로몬의 판결처럼 반려동물을 반으로 나누어 가지면 되는 것일까요? 물론 말도 안 되는 일이겠죠? 아니면 반려동물을 시장가치로 산정하며 팔아넘긴 뒤 그 매매대금을 부부가 나누어 갖는 방법도 생각해볼 수 있습니다. 또는 부부 중 한 명이 반려동물을 데려가고(법률적으로는 반려동물의 소유권을 취득하고), 다른 한 명에게 반려동물의 시장가치의 절반을 지급하는 방법도 가능합니다. 이런 방법들이 일반적인 재산분할의 방법이기 때문입니다.

그렇지만 반려동물을 한번이라도 키워본 사람이라면, 어떨 때는 반려동물이 자식보다도 더, 배우자보다도 더 소중하게 느낀 경험이 있을 것입니다. 이런 사람에게는 위와 같은 일반적인 재산분할의 방법으로는 절대 해결되지 않습니다. 반려동물은 인간과 교감하고 유대를 가지며 애정을 주고받는 존재이고, 또한 생명을 가지고 있다는 점에서 장롱과 같은 여타의 물건들처럼 취급될 수는 없기 때문이지요.

그에 따라 현실에서 벌어지는 반려동물에 대한 재산분할 문제는 마치 부부가 이혼하는 경우 자녀의 양육권을 결정하는 문제와 유사한 양상을 띠게 됩니다. 그래서 요즘 이혼 당사자들 사이에서는 둘 중 한 사람이 반려동물 양육권을 가져가고, 다른 한 사람은 정해진 시간에 반려동물을 만날 수 있는 면접교섭권을 허용하는 방식으로 합의에 이르기도 합니다.

필자의 지인은 두 마리의 고양이를 키우던 중 이혼에 이르게 되었는데, 각자 한 마리씩 양육을 담당하기로 합의하더군요. 아쉽게도 아직 우리나라 법원에서는 이혼에 따른 재산분할 판단 시, 반려동물과의 정서적 교감이나 반려동물의 복지 등까지 고려하고 있지는 않습니다. 미국의 일부 주에서는 반려동물을 가족구성원처럼 받아들여 양육에 대한 내용을 판사가 직접 결정하도록 하는 법률 개정안이 통과되었다고 합니다. 우리나라 법원에서도 점차 반려동물의 정서적 교감이나 복지를 고려하는 판단이 내려질 수 있을 거라 기대해봅니다.

CHAPTER. **8**

협의이혼, 완벽하게 파헤치기

협의이혼과 소송이혼은 어떻게 다른가요?

이혼에는 두 가지 종류가 있습니다. 하나는 협의이혼이고 하나는 소송이혼입니다. 협의이혼이란 부부가 서로 합의에 따라 이혼하는 것입니다. 부부가 이혼하는 이유를 묻지 않습니다.

소송이혼은 소송을 통하여 이혼하는 것입니다.(정식 명칭은 '재판상 이혼'입니다)

한쪽은 이혼하려고 하지만 그 배우자는 이혼할 생각이 없는 경우와 둘 다 이혼하려고 하지만 이혼에 따른 책임을 서로 상대방에게 미루는 경우에는 협의이혼을 하기 어렵습니다. 이럴 때는 법원에 소송을 제기하여 이혼판결을 받아야만 이혼할 수 있습니다.

소송이혼은 협의이혼과 달리 이혼하려는 구체적인 이유가 있어야 하고, 그 이유가 법이 정해놓은 요건에 해당하여야 합니다. 그리고 이혼소송을 시작한 때로부터 판결이 나오기까지 최소 1년에서 2년 정도 걸리기 때문에 협의이혼에 비하여 소송이혼이 훨씬 더 시간이 오래 걸리게 됩니다.

물론 혼자서 소송을 진행할 수도 있지만 소송사유를 논리적으로 정리하고 상대방의 주장을 적절하게 반박하기 위해서는 아무래도 전문가인 변호사를 선임해 대응하는 것이 효과적입니다. 다만 이런 변호사 비용까지 고려하면 소송이혼은 사유가 제한적이고 시간이 많이 걸린다는 단점 이외에도 결국 비용도 많이 든다는 한계가 있습니다. 따라서 가능하면 상대방과 협의를 하여 협의이혼을 하는 것이 좋겠지요.

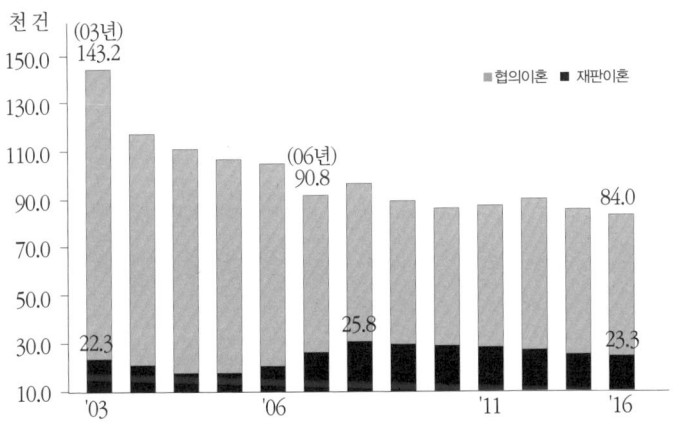

이혼종류별 이혼 건수 추이(2016년 혼인, 이혼 통계, 통계청 2017. 3.)

위의 표는 2017년 3월 통계청이 발표한 '2016년 혼인 및 이혼 통계' 자료입니다. 2016년 한 해 동안 28만 쌍이 결혼하고, 10만 7천 쌍이 이혼하였는데, 결혼한 부부 중 셋 중 한 쌍이 이혼한다는 말이 크게 틀리지는 않은 것 같습니다.

2016년의 이혼 중 8만 4천 건은 협의이혼, 나머지 2만 3천 건은 소송이혼입니다. 협의이혼이 소송이혼보다 3배 정도 많다고 볼 수 있습니다. 이는 다소 양보해야 하는 측면이 있다고 하더라도 전체적인 관점에서는 협의이혼이 훨씬 수월하기 때문이라고도 볼 수 있겠습니다.

협의이혼은 누가 할 수 있나요?

협의이혼이란 말 그대로 부부 상호간 이혼에 대하여 협의가 이루어지는 것을 의미합니다. 즉 협의이혼을 위해서는 부부 쌍방이 모두 더 이상 상대방과의 혼인관계를 청산하겠다는 의사의 합치가 전제되어야 합니다. 가령 오랜 기간 남편의 외도와 시집살이로 고통을 받은 아내가 이혼을 결심했다고 하더라도, 남편이 이혼을 원치 않는다면 협의이혼은 애초에 불가능한 것이지요.

예전에는 협의이혼을 위하여 부부 외에도 성년자 2명의 증인으로서의 서명, 날인이 요구되었지만 현재는 법이 개정되어 부부 둘만의 합의만으로도 가능합니다. 다만, 미성년의 자녀가 있는 부부라면 단순히 이혼에 대한 합의뿐만 아니라 미성년 자녀의 친권, 양육권 및 양육비 부담에 관한 내용에 대한 합의까지 필요합니다. 재산분할이나 위자료에 관한 합의는 사전에 반드시 필요한 것은 아니므로 협의이혼 후 별도로 협의하거나 결국 협의가 이루어지지 않는다면 그 부분에 대한 소송만을 진행하여 법원의 판단을 받을 수도 있습니다.

협의이혼의 사유는 소송이혼과는 달리, 단순한 성격불일치, 불화, 애정 상실, 성적 불만, 금전문제, 건강문제 등 어떤 명목, 실제로는 아무런 명목이 없더라도 상관이 없습니다. 유책 배우자라고 하더라도 상대가 이혼에 대한 합의만 있다면 얼마든지 협의이혼이 가능합니다.

협의이혼은 소송이혼에 비하여 절차가 훨씬 간소하고, 별도의 비용이 들지 않으며(재판상 이혼청구에 필요한 소송비용 및 변호사비용이 들지 않습니다.) 미성년 자녀가 없다면 1개월 정도, 미성년 자녀가 있다고 하더라도 3개월 정도밖에 시간이 소요되지 않습니다.

이혼을 원한다면 상대방에게 재판상 이혼사유가 있다고 하더라도 가능한 상대를 설득하여 이혼합의를 이끌어내는 것이 좋습니다. 만약 상대에게 혼인 파탄의 일정한 잘못은 있지만 재판상 이혼사유까지 인정되기는 어려운 경우라면 더욱 설득 과정이 필수적이겠죠.

필자는 상대의 외도와 성격불일치, 성적 불만에 대한 문제로 고통스러운 결혼생활을 하다가 결국 더 이상 참지 못하고 이혼을 요구했지만 상대의 거부로 인해 결국 2년여 동안 설득한 끝에 협의이혼을 할 수 있었습니다.

만약 필자가 상대의 외도를 알게 된 즉시 이혼소송을 제기했다면 상대의 귀책사유로 재판상 이혼을 할 수 있었을 것이지만 당시 필자는 상대에게 소위 한 번 더 기회를 준다는 명목으로, 그리고 부모의 걱정과 주위의 시선이 두려워, 상대의 외도를 알고도 이를 상당 기간 묵인하였기 때문에 재판상 이혼청구의 제척기간(알게 된 날로부터 6월, 그 사유가 있은 날로부터 2년)을 도과한 상태였습니다. 또한 단순한 성격불일치 및 성적불만만으로는 앞서 살펴본 바와 같이 소송이혼이 성립하기 어렵기 때문에 이혼을 하기 위해서는 어떻게든 상대로 하여금 이혼에 합의하도록 설득할 수밖에 없었습니다.

한편, 반대로 나에게 혼인 파탄의 사유가 있을 경우가 있습니다. 상대가 이혼을 원하고 결국 재판상 이혼청구를 당하더라도 이혼을 피할 수 없는 상황이라면, 상대와 협의이혼 조건을 걸고 조금 더 유리하게(예를 들면 이혼은 해 주지만 위자료는 줄 수 없다는 등) 협상을 하는 것이 유리하겠죠?

단지 연인관계인 경우에도 헤어지자고 말하는 사람이야 마음의 정리도 하고 어쩌면 이미 새로운 상대와 사랑에 빠져 있을 수도 있지만, 이별을 통보받은 상대는 전혀 예상치 못하고 있었거나 또는 이별을 예감하더라도 아직은 마음의 준비가 되지 않은 상태인 경우가 많습니다. 결혼한 부부 사이에서도 마찬가지입니다. 결국 부부 쌍방이 동일한 시점에 이혼에 대한 합의가 완전히 일치한다는 것은 현실적으로 불가능하므로 협의이혼은 결국 상대 설득의 과정으로 귀결됩니다.

협의이혼의 절차가 궁금해요

　부부가 이혼을 하기로 하는 서로 합의하였다 하더라도 일정한 절차와 기간이 지나야만 이혼할 수 있습니다.
　'내가 이혼하겠다는데 왜! 국가가 나서서 이혼을 어렵게 하느냐?'
　결혼을 하게 되면 부부 사이에 각종 권리와 의무가 발생하기 때문에 홧김에 이혼하는 일을 방지하고, 이혼 후에도 상속 문제, 부양 의무, 자녀가 있다면 양육에 관한 문제 등 여러 가지를 깔끔하게 정리하도록 충분한 시간을 가지라는 의미가 있습니다.
　협의이혼은 이혼하려는 이유를 따지지 않지만, 과연 부부가 이혼하려는 합의를 이루었는지에 관하여는 반드시 법원에서 확인을 받아야 합니다.
　협의이혼을 하려는 부부는 법원에 2회 출석하여야 합니다. 첫 번째는 두 사람이 함께 관할 가정법원에 출석하여 다음의 서류를 제출해야 합니다.

① 협의이혼확인신청서
② 남편의 가족관계증명서와 혼인관계증명서 각 1통
③ 아내의 가족관계증명서와 혼인관계증명서 각 1통
④ 미성년인 자녀가 있는 경우 그 자녀의 양육과 친권자 결정에 관한 협의서(친권자 결정에 관한 협의가 되지 않았을 때는 누구를 친권자로 할지에 관한 가정법원의 판결문)

위 서류를 제출하면 가정법원은 이혼하고자 하는 부부에게 가정법원이 제공하는 이혼에 관한 안내를 하고, 필요한 경우 부부가 전문상담인의 상담을 받도록 할 수 있습니다.
두 번째로 가정법원에 출석하는 날은 처음 법원에 서류를 제출한 날로부터 최소 1개월 이상이 지난 후에 기일을 정해줍니다. 이 날은 판사님이 각각 협의이혼확인서를 1부씩 주기 때문에 반드시 출석해야 합니다.
이처럼 협의이혼을 위하여 법원에 두 번을 가도록 하고 최소한의 기간을 두도록 한 것은 즉흥적인 이혼을 막기 위한 것입니다. 이를 이혼숙려기간이라 하는데, 미성년 자녀가 있는 경우에는 최소 3개월, 미성년 자녀가 없는 경우 최소 1개월의 기간을 두도록 합니다. 다만 한쪽 배우자의 폭력으로 인하여 참을 수 없는 고통이 예상되는 등 급박한 사정이 있는 경우 이혼숙려기간을 줄이거나 면제할 수 있습니다.
만일 부부에게 미성년 자녀가 있는 경우, 부부 중 누가 친권자, 양육권자가 될 것인지 정해 그 협의서를 제출해야 합니다. 만일 부부가 협의로 친권자, 양육권자를 정할 수 없으면 가정법원에 친권자, 양육권자를 정해달라고 요청해야 합니다.

판사님으로부터 협의이혼확인서를 받은 후에는 관할 관청에 제출하여야 합니다. 협의이혼확인서는 부부에게 각각 1통씩 나눠주므로, 두 사람 중 한 명이라도 이혼신고서, 협의이혼확인서를 제출하면 이혼이 성립합니다. 협의이혼확인서의 유효기간은 3개월이므로 협의이혼확인서를 받은 지 3개월이 지났다면, 처음부터 새로 협의이혼 절차를 밟아야 합니다.

《협의 이혼 절차》

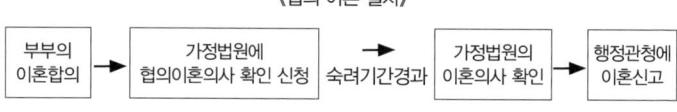

[출처 : 알기쉬운 생활법령정보 사이트]

계약서 공증하기 :

협의이혼에서 상대방이 말을 바꾸면?

어떤 이유에서건 협의이혼을 하기로 결심이 섰다면, 이제는 현실적으로 주고받을 돈 문제를 확실하게 해 두어야 합니다. 상대방과 돈 문제로 이러쿵저러쿵 하는 일이 자존심도 상하고 치사하게 생각될 수도 있겠습니다. 그러나 이혼 이후에 먹고사는 경제적 문제는 매우 중요하므로 확실하게 준비해 두어야만 자신이 설계한 대로 미래를 살아갈 수 있습니다.

따라서 상대방과 주고받을 돈 문제에 관하여 합의한 내용을 확실히 해 두고, 혹시나 협의이혼이 이루어진 뒤에 상대방이 돈을 주지 않으려고 하는 경우 등을 방지하기 위해서 미리 공정증서, 소위 공증을 받아두는 방법이 있습니다. 즉 상대방과 사이에 재산분할과 위자료, 양육비 등에 대하여 미리 협의하고 그 내용을 담은 협의이혼계약서를 공증사무소에 소속된 공증인 앞에서 공정증서로 작성하는 것입니다. 물론 돈 문제 이외에 미성년 자녀의 양육에 관한 사항과 면접교섭권에 관한 내용도 협의이혼계약서에 담을 수 있습니다. 이렇게 공증을 하게 되면, 추후 상대방이 돈을 주지 않으려고 할 때 민사소송 등 별다른 절차를 거치지 않더라도 바로 상대방 소유의 재산에 대해서 바로 집행, 즉 예를 들어 부동산이나 차량이라면 경매신청, 은행 예금채권이라면 채권압류 및 전부[1] 추심[2]명령 등을 할 수 있게 되는 것입니다.

다만, 협의이혼계약 공증시 주의할 것은 공증 대상이 되는 것은 협의이혼계약이기 때문에 협의이혼이 이루어질 것을 전제로 할 때만 효력이 인정됩니다. 즉 협의이혼계약서를 작성하여 공증을 받아두었다고 하더라도, 이후 협의이혼이 아닌 이혼소송을 하는 경우에는 공증한 내용을 이행하라고 주장하기 어렵습니다.

---

1) 나에게 채권을 양도해달라는 취지로 법원에 신청하는 것. 상대방에게 다른 채권자가 있을 경우 나누어 가져야 함.
2) 채권을 행사하여 직접 돈을 받을 수 있도록 해달라고 법원에 신청하는 것.

외국에 거주 중인데도 협의이혼이 가능할까요?

외국에 거주하고 있는 경우에도 이혼을 할 수 있는지, 이혼의 과정이 복잡하지는 않은지 궁금해 하는 상담자 분들이 많습니다. 결론부터 말씀드리자면 해외에 거주 중이더라도(재외국민등록을 해 두었다면 한국법원이 아닌 대사관에 출석하는 방식으로) 협의이혼이 가능합니다.

필자는 해외에서 협의이혼을 진행했습니다. 당시 대사관에 출석해 이혼 의사를 밝히며 서류(협의이혼의사 확인신청서 : 남편/아내의 가족관계 증명서와 혼인관계 증명서, 재외국민등록부등본)를 제출하였습니다. 부부 둘 모두 대사관에 출석을 해야 하며, 대사님께서 이혼을 할 것이냐고 묻고 간단한 한 장짜리 설문에 응하였습니다. 이혼 원인이 무엇인지 묻는 질문이었던 것 같은데, 다른 여느 많은 이혼하는 부부와 마찬가지로 '성격차이'에 표시를 하고 제출하였던 생각이 납니다. 협의이혼의사 확인신청서를 제출하고 대사관 측에서 한국으로 서류를 보냅니다. 그 뒤에 서류(협의이혼확인서)

가 해외 현지에 도착하면 한 번 더 대사관에 부부 둘 모두 출석해야 합니다. 그리고 이후 이혼신고서를 협의이혼확인서와 함께 제출하면 이혼이 성립이 됩니다. 다만 해외에서 협의이혼을 진행하는 데 있어서의 절차는 서류가 한국으로 왔다가 다시 현지로 가야 하므로 시간이 많이 소요됩니다. 어느 나라에 거주하고 있느냐와 그때그때의 사정에 따라 다르겠지만 2009년 당시 필자의 경우에는 총 4~5개월 정도 소요되었습니다.

이와 같이 외국에 거주하면서 재외국민등록을 마친 경우라면 굳이 한국에 들어오지 않고도 현지에서 협의이혼을 할 수 있습니다. 다만 한국 가정법원에 출석하기 어렵기 때문에 외국 거주지 관할 재외공관에서 협의이혼의사 확인을 받아야 합니다. 외국에 거주하고 있으나 재외국민등록을 하지 않은 경우 한국 법원을 통한 협의이혼만 가능합니다.

재외공관에 협의이혼을 신청하는 경우 부부가 함께 또는 일방이 본인의 신분증(여권, 운전면허증 등)과 도장을 가지고 거주지 관할 재외공관에 출석하여 공관장에게 이혼하려는 의사를 진술하고 다음의 서류를 제출합니다.

① 협의이혼의사 확인신청서 1통
② 남편의 가족관계증명서와 혼인관계증명서 각 1통
③ 아내의 가족관계증명서와 혼인관계증명서 각 1통
④ 미성년인 자녀가 있는 경우 그 자녀의 양육과 친권자 결정

에 관한 협의서(친권자 결정에 관한 협의가 되지 않았을 때는 누구를 친권자로 할지에 관한 가정법원의 판결문.)
⑤ 재외국민등록부등본

재외공관장은 협의이혼확인신청서를 한국의 법원에 보내 확인을 받습니다.

이혼숙려기간, 미성년 자녀 친권자 결정에 관한 협의는 일반적인 협의이혼 절차와 같습니다. 이혼숙려기간이 지난 후 다시 재외공관에 출석하면 가정법원이 발급해 준 협의이혼확인서를 받을 수 있습니다. 협의이혼확인서를 받으면 3개월 이내에 이혼신고서와 함께 현지 재외공관장에게 제출하면 협의이혼이 성립합니다.

CHAPTER. 9

소송이혼, 완벽하게 파헤치기

상대방이 합의를 안 해줘요. 소송이혼은 어떤 경우에 할 수 있나요?

상대가 이혼 요구를 거부하면 소송을 통해 이혼할 수밖에 없고 (=재판상 이혼) 재판상 이혼을 할 수 있는 사유는 민법 제840조에 규정되어 있습니다.

협의이혼은 당사자가 합의만 한다면 이혼하려는 이유를 특별히 묻지 않습니다. 심지어 이유가 없어도 가능합니다. 그러나 재판상 이혼을 하려면 이혼사유가 분명해야 하며, 이는 민법 제840조가 정한 사유 중의 하나(또는 그 이상)에 해당해야 합니다.

민법 제840조(재판상 이혼 원인)
부부의 일방은 다음 각호의 사유가 있는 경우에는 가정법원에 이혼을 청구할 수 있다.
  1. 배우자에 부정한 행위가 있었을 때
  2. 배우자가 악의로 다른 일방을 유기한 때
  3. 배우자 또는 그 직계존속으로부터 심히 부당한 대우를 받았을 때
  4. 자기의 직계존속이 배우자로부터 심히 부당한 대우를 받았을 때

5. 배우자의 생사가 3년 이상 분명하지 아니한 때

6. 기타 혼인을 계속하기 어려운 중대한 사유가 있을 때

필자의 경우에는 장인으로부터 전화로 욕설과 폭언을 들었고, 필자의 부모를 모욕하였으며, 전처는 필자가 사회생활을 하지 못하도록 만들겠다며 협박을 하였기 때문에 제3호, 제4호, 제6호를 이유로 이혼소송을 제기하였습니다.

제1호 : 배우자에게 부정한 행위가 있었을 때

▶ 부정不貞한 행위란?

배우자로서의 정조의무에 충실치 못한 일체의 행위를 포함하며 이른바 간통보다는 넓은 개념.(대법원 1992. 11. 10. 선고 92므68 판결)

부부는 동거하며 서로 부양하고 협조할 의무를 진다.(민법 제826조) 부부는 정신적·육체적·경제적으로 결합된 공동체로서 서로 협조하고 보호하여 부부 공동생활로서의 혼인이 유지되도록 상호간에 포괄적으로 협력할 의무를 부담하고 그에 관한 권리를 가진다. 이러한 동거의무 내지 부부 공동생활 유지의무의 내용으로서 부부는 부정행위를 하지 아니 하여야 하는 성적 성실의무를 부담한다.(대법원 2015. 5. 29. 선고 2013므2441 판결)

예를 들어 성매매업소에 드나든다거나 배우자를 두고 이성과 여행을 간다거나 친구 또는 직장 동료임을 빙자하여 어울려 다니

다가 외도를 하는 경우를 꼽을 수 있습니다. 다만 재판상 이혼사유가 되는 부정不貞행위는 부부간의 정조의무 위반이므로, 배우자가 거짓말을 잘 한다거나 도둑질을 한다는 등의 도덕적으로 부당하거나 불법적인 행위는 여기에 해당하지 않습니다.

▶ 제소기간

다른 일방이 사전 동의나 사후 용서를 한 때 또는 이를 안 날로부터 6월, 그 사유가 있은 날로부터 2년.(민법 제841조)

제2호 : 배우자가 악의로 다른 일방을 유기한 때

▶ 악의惡意의 유기遺棄란?

배우자가 정당한 이유 없이 서로 동거, 부양, 협조하여야 할 부부로서의 의무를 포기하고 다른 일방을 버린 경우를 뜻한다.(대법원 1998. 4. 10. 선고 96므1434)

여기서 말하는 악의란 '의도적으로'의 의미로 해석할 수 있고, 갑자기 집을 나가거나 생활비를 전혀 주지 않는 경우가 이에 해당합니다.

제3호 : 배우자 또는 그 직계존속으로부터 심히 부당한 대우를 받았을 때

▶ **부당한 대우란?**

혼인 당사자의 일방이 배우자로부터 혼인관계의 지속을 강요하는 것이 가혹하다고 여겨질 정도의 폭행이나 학대 또는 중대한 모욕을 받았을 경우를 말한다.(대법원 1999. 2. 12. 선고 97므612 판결)

당사자는 물론, 고부갈등, 장인 장모와 사위의 갈등이 여기에 해당합니다. 단순히 반복된 부부싸움 정도로는 부족하고 폭행, 학대, 중대한 모욕이 장기간 이어진 경우에 해당할 수 있습니다.

제4호 : 자기의 직계존속이 배우자로부터 심히 부당한 대우를 받았을 때

▶ **부당한 대우의 의미**

제3호의 부당한 대우와 같은 의미. 시부모를 폭행 또는 학대하거나, 장인 장모를 중대하게 모욕한 경우를 말합니다.

제5호 : 배우자의 생사가 3년 이상 분명하지 아니한 때

▶ **3년 이상 배우자의 생사를 모를 정도라면 이혼할 수 있습니다.**

3년 이상 연락을 주고받지 않았다 하더라도 생사가 분명한 경우(예컨대 유학을 떠났던 배우자가 TV에 한 번씩 나오는 경우)는 여기에 해당하지 않습니다. 제2호는 의도적으로 배우자를 떠난 경우에 해당하고, 제5호는 의도를 불문하고 3년 이상, 생사가 분명하지 않아야 한다는 데 차이가 있습니다.

제6호 : 기타 혼인을 계속하기 어려운 중대한 사유가 있을 때

▶ 민법 제840조 제6호

소정의 이혼사유인 '혼인을 계속하기 어려운 중대한 사유가 있을 때'라 함은 부부간의 애정과 신뢰가 바탕이 되어야 할 혼인의 본질에 상응하는 부부 공동생활 관계가 회복할 수 없을 정도로 파탄되고 그 혼인생활의 계속을 강제하는 것이 일방 배우자에게 참을 수 없는 고통이 되는 경우를 말한다.(대법원 1999. 2. 12. 선고 97므612 판결 참조)

1호 내지 제5호 사유에 해당하지 않는 경우 이 조항을 적용할 수 있습니다. 예컨대 배우자가 흉악한 범죄를 저지른 경우, 성적으로 응하지 않는 경우(위 97므612 판결) 등이 있습니다.

▶ 제소기간

다른 일방이 이를 안 날로부터 6월, 그 사유가 있은 날로부터 2년을 경과하면 이혼을 청구하지 못한다.(민법 제842조)

즉 상대방이 바람을 피웠다든지 폭력을 행사했다든지 하더라도 그 시점으로부터 2년이 지나면 무효가 됩니다. 소송할 의사가 있으면 2년 안에 하셔야 합니다.

소송이혼의 절차를 알기 쉽게 설명해 주세요

이혼소송을 하게 되었다는 것은 협의이혼을 하기로 상대방을 설득하지 못하였다는 의미입니다. 이혼소송은 협의이혼보다 비용과 시간이 많이 들고, 불필요한 감정 소모도 감수해야 합니다. 그러나 상대방을 설득하느라 지나친 비용(합의금)을 지출하거나 소중한 시간을 마냥 흘려보내고 있을 수만도 없습니다. 일단 이혼소송이 진행되면 1~2년 정도 시간이 걸리는데, 그 사이에 이혼을 반대하던 상대방도 현실을 받아들이고 협의이혼을 하는 경우도 많습니다. 따라서 더 이상 결혼을 유지하기 어렵다고 마음먹었다면 적극적으로 이혼소송에 나서는 것도 나쁜 선택은 아닙니다.

이혼소송은 소장 접수 → 가정법원의 사실조사 → 조정 → 변론 → 판결 순서로 진행됩니다.

소송에서는 원고와 피고가 서로 대립하면서 자신의 주장과 그에 맞는 증거를 제시하여야 합니다. 소송을 시작한 사람이 원고가 되고, 반대로 소송을 당한 사람이 피고가 됩니다. 원고는 소장에 이혼하려는 구체적 이유를 기재하고, 일정한 소송비용(인지대와 송달료)을 납부한 다음 관할 가정법원(주소지에 따라 달라집니다.)에 소장 2통을 제출합니다. 반드시 관할법원에 이혼 소장을 접수하여야 합니다. 관할법원을 모를 때는 인터넷 대법원 사이트에서 검색할 수 있습니다.

 소장을 제출받은 가정법원은 소송을 당한 피고에게 소장 1통을 우편으로 보내줍니다. 일반적인 우편물과 달리 가정법원이 보내는 서류는 '당사자 본인'만 받을 수 있으므로 만약 낮에 집에 없는 경우 직장주소를 기재하는 등 이혼소장이 제대로 전달되도록 하여야 합니다.

 이혼소장을 받은 피고는 30일 이내에 '원고의 주장을 인정한다.'거나 '원고의 주장은 이러이러한 이유로 사실과 다르므로 나는 이혼에 동의할 수 없다.'는 등의 구체적인 답변을 하여야 합니다.

 소장에 첨부할 서류는 다음과 같습니다.

① 원고(이혼소송을 하고자 하는 사람)의 기본증명서, 혼인관계증명서, 가족관계증명서, 주민등록등본 각 1통
② 피고(이혼소송을 당하는 사람)의 기본증명서, 혼인관계증명서, 가족관계증명서, 주민등록등본 각 1통
③ 원고 및 피고의 각 주소변동 사항이 모두 나타나 있는 주민등록초본 각 1통(부부가 관할법원이 다를 때만. 예컨대 남편이 서

울시 중구, 아내가 서울시 강동구에 주민등록을 둔 경우에는 필요 없으나, 남편이 인천, 아내가 서울에 주민등록을 둔 경우에는 주민초본을 첨부하여야 함)

이혼소장이 법원에 접수되면 대략 3개월 후 첫 재판하는 날(변론기일)이 잡힙니다. 이날은 원고(이혼소송을 하고자 하는 사람)의 소장과 피고(이혼소송을 당하는 사람)의 답변 요지가 어떠한지 확인하는 정도로 진행됩니다. 이때 재판장은 가사조사관(법원 직원으로 부부간에 어떤 일이 있었는지 물어보고 물어본 내용을 정리하는 사람)으로 하여금 사실 조사를 하도록 명하기도 합니다.

사실조사란 가정법원에 소속된 가사조사관이 부부의 살아온 과정, 생활환경, 재산, 자녀양육 상황 등 기초자료를 파악하여 그 내용을 법원에 보고하는 절차입니다. 사실조사기일(부부간에 어떤 일이 있었는지 조사를 하는 당일)에는 원칙적으로 당사자가 직접 출석하여야 하며, 특별한 사정이 있을 때만 재판장이나 조정장의 허가를 받아 대리인을 출석하게 하거나 보조인을 동반할 수 있습니다. 사실조사를 하면서약 300문항 가까운 심리상담지를 작성하면 자신의 심리상태를 알 수 있는 결과표를 받을 수 있고, 가사조사관은 부부에 대한 사실조사를 마치면 2~3장 정도의 사실조사보고서를 법원에 제출합니다. 소장접수로부터 사실조사 종료시까지 약 6개월 이상 소요됩니다.

사실조사는 일과 중에 진행되므로 직장에 다니는 사람은 출석일정을 정하는 데 곤란할 수 있습니다. 부부상담소는 항상 거처야 하는 것은 아니고 가사조사관의 판단에 따라 진행됩니다. 상담사는 양쪽의 입장을 듣고, 원만히 화해하도록 설득하거나 더 이상 결합이 무의미하다고 판단하는 경우 이혼하도록 설득해 주기도 합니다.

한편 이혼소송을 하기 전에 이혼조정(법원이 위촉한 조정위원이 이혼을 할지 안 할지 혹은 각자가 원하는 이혼조건을 합의할 수 있는지를 결정하는 과정, 간단히 말해 조정위원이 이혼의 협의를 도와주는 과정으로, 반드시 조정이 성립되는 것은 아님)을 신청할 수도 있습니다.

만일 이혼조정 신청을 하지 않고 바로 이혼소장을 접수하였다면, 이혼소송이 진행되는 중 재판상의 명령으로 소성질차가 진행되기도 합니다. 경륜이 풍부한 조정위원은 부부 각자의 주장을 들은 후 서로의 감정을 누그러뜨리고 원만한 해결을 시도합니다. 이혼조정 절차에서 이혼하기로 합의하고 조정조서를 작성하면 소송이혼을 한 것과 동일한 효력이 있어 이혼이 성립합니다. 그러나 조정이 성립하지 않으면 원래 진행되던 이혼소송으로 돌아가 소송을 계속하게 됩니다.

재판을 하는 날(변론기일)에는 본격적으로 원고와 피고가 자신의 주장을 제시하고, 상대방 주장을 반박합니다. 원고(이혼소송을 제기하는 사람)는 이혼사유와 증거를 제출하고, 피고(이혼소송을 당하는 사람)는 원고의 주장이 사실과 다름을 입증해야 합니다. 원고는 이혼, 위자료, 재산분할을 각각 별개의 항목으로 주장해야 하며, 소장에 이혼청구만 기재한 경우 법원은 위자료와 재산분할에 대한 판단을 해 주지 않습니다. 앞장에서 설명한 소송이혼이 되는 이유를 주장하면서, 이를 뒷받침할 수 있는 증거(예컨대 상대방이 작성한 각서, 불륜현장 사진, 폭행당한 사진이나 진단서, 욕설을 녹음한 파일과 녹취록 등)를 함께 제출하여야 합니다.

이혼사유라는 것이 부부 외에는 알기 어려운 은밀한 내용이므로 증거가 남기 어렵고, 수집하기도 여간 어려운 일이 아니므로 다른 소송에 비하여 당사자의 진술에 크게 의존하는 편입니다. 재판을 하는 날(변론기일)에는 대리인(변호사)이 출석할 수도 있고, 본인이 직접 출석할 수도 있습니다. 이혼소송을 제기하고 몇 달이 걸려 재판이 잡혀 출석하더라도, 실제 재판이 진행되는 데는 채 5분도 걸리지 않습니다. 따라서 재판 전에 본인의 주장을 정리한 문서를 충실히 작성하여 제출하여야 하며, 정작 재판 당일에는 당사자에게 발언할 기회를 주지 않거나 설령 기회를 얻더라도 충분한 시간을 얻기 어렵습니다.

이혼소송이 진행되는 중에 협의이혼 또는 이혼조정이 성립하지 않았다면 재판 결과를 종합하여 판결을 선고합니다. 이혼소송에서 이겨야만 이혼할 수 있습니다. 만일 판결 결과를 받아들일 수 없다면 상급법원(고등법원이나 대법원)에 재판 결과를 반대할 수 있습니다. 재판결과를 반대하는 과정(항소)는 판결문을 받은 후 14일 이내에 하여야 하고, 만일 항소장(재판 결과를 반대한다는 서류)을 접수하지 않은 채 이 기간이 지나버리면 더 이상 반대할 수 없고, 동일한 사유로는 이혼청구를 할 수 없으므로 기간을 엄수하여야 합니다.

　이혼판결이 확정되면 구청에 이혼신고를 하지 않더라도 이혼은 성립한 것입니다. 다만 이혼신고를 하지 않으면 서류에 계속 혼인 중인 것처럼 나올 수 있으므로 판결이 확정된 날로부터 1개월 이내에 관할 관청에 이혼신고서와 판결문을 가져가서 신고하여야 합니다.

소송이혼은
시간이 얼마나 걸리며 비용은 얼마나 드나요?

일반적으로 이혼소장을 가정법원에 접수한 다음 1심 판결이 선고되기까지 약 1년에서 2년 정도가 걸립니다. 만약 1심 판결에 만족하지 못하고 불복하려면 항소를 할 수 있는데, 항소심(2심)은 대체로 1심보다는 빨리 진행되는 편입니다. 2심 판결에도 불복하는 경우 대법원에 상고를 할 수 있고, 약 6개월이면 대법원 판결이 선고됩니다. 대법원은 대체로 2심 판단을 유지하는 편입니다. 결국 이혼소장을 접수하여 소송이 1심부터 3심까지 진행되면 대략 3년 안팎이 걸리게 됩니다.

소송이혼을 하는 데 들어가는 비용은 크게 변호사 선임료와 법원에 내는 소송비용(인지대, 송달료)으로 나눌 수 있습니다. 변호사 선임료는 사건의 난이도, 위자료와 재산분할 청구금액, 변호사의 경력 등에 따라 천차만별이지만 대체로 착수금 500만 원부터 시작하는 편입니다. 이후 이혼소송에서 원하는 성과를 얻었을 때에는 착수금과는 별개로 변호사에게 성공보수금을 지급하기도 합니다.

　인지대는 위자료와 재산분할 청구금액에 따라 다른데, 예를 들어 자녀가 없는 부부가 위자료 5,000만 원을 요구하면서 이혼청구를 하는 경우 인지대는 11만 5천 원 (5,000만 원 x 0.0045 + 5,000원) ÷ 2, 송달료는 111,000원 (1회당 3,700원 x 2명 x 15회분)입니다. 부부가 이혼하면서 분할하여야 할 재산이 있으면, 그 재산가액에 따라 인지대가 달라집니다.

이혼소송에서 이기는 비법

이혼소송은 흔히 진흙탕 싸움으로 묘사되기 마련입니다. 그리고 이혼소송에서 승자는 변호사뿐이라는 말도 한번쯤 들어보았을 것입니다. 진흙탕 싸움이자 승자 없는 이혼소송에서 반드시 이기는 기발한 노하우를 기대하기는 어렵습니다.

아직 국내 문헌에서 제대로 소개된 바 없기에 미국 블로그에서 찾은 이혼소송에서 이기는 팁 몇 가지를 소개합니다.(https://www.familylawrights.net/blog/how-to-win-your-divorce-case/)

▶ **훌륭한 팀을 구성하라.**

이혼전문 변호사와 충분히 상담하여 적절한 이혼사유와 증거를 준비하도록 조언을 구하는 것이 좋습니다. 이혼에 앞서 앞으로 생계는 어떻게 유지할지에 대한 계획도 필요합니다. 극심한 스트레스로 인하여 불면증이나 신경쇠약이 올 수도 있으므로 정신과 의사나 심리상담사와 상담을 받아보는 것도 좋겠습니다. 인터넷에 이혼에 관한 정보는 넘쳐나지만, 정작 '어떤 정보가 필요한지, 어떤 정보가 틀렸는지'에 대해서는 알려주지 않습니다. 경험이 풍부한 전문가는 내 상황에 가장 맞는 정보가 어떤 것인지 알려줄 수 있습니다.

▶ **재산을 보호하라.**
이혼소송을 할 정도라면 부부관계가 극도로 악화되어 제정신이 아닐 수도 있습니다. 한편으로는 상대방이 재산을 빼돌리거나 충동적으로 과소비하거나 엄청난 빚을 질 수 있습니다. 따라서 중요한 재산 목록을 작성한 다음 상대방이 함부로 빼돌리지 못하도록 보관하고, 카드 한도를 조절하는 것이 좋습니다.

▶ **함부로 가출하지 말라.**
자녀가 있는 경우, 법원은 집을 나간 당사자에게 양육권을 주려 하지 않을 것입니다. 비록 이혼소송 중이라도 평소와 다름없는 생활을 유지하여야 자녀가 혼란스러워지지 않을 수 있습니다.

▶ **전화, 문자, 이메일 사용에 유의하라.**
전화통화 내용, 문자와 이메일은 재판 증거로 사용될 수 있습니다. 나의 부적절한 행동이 상대방에게 유리한 증거가 되지 않도록 유의하여야 합니다.

▶ **감정보다 이성을 지켜라.**
이혼은 본질적으로 매우 감정적이고 고통스러운 과정이지만,

최선의 결정을 내리고 절차를 진행하려면 최대한 감정을 배제하고 논리적으로 접근하여야 합니다. 변호사, 재무설계사, 심리상담사는 감정에 치우치지 않는 최선의 결과를 이끌어내는 데 도움을 줄 것입니다.

필자가 덧붙이자면, 이혼을 해야겠다는 생각이 들면 일사천리로 이혼을 진행하기보다 차분하게 이혼에 필요한 증거를 수집해 두는 것이 좋습니다. 특히 언제 무슨 일이 있었는지를 계좌내역 조회, 신용카드 사용내역, 전화통화 내역(6개월 동안만 확인 가능), 교통카드 사용내역으로 도움을 받을 수 있습니다. 불륜 증거는 차량 블랙박스에도 남아 있을 수 있는데, 차에 녹음기나 위치추적기를 설치하는 것은 불법이므로 처벌을 받을 수 있다는 점도 유의해야 합니다.(배우 Y씨 사례)

변호사 선임의 장단점 :
변호사는 꼭 필요한가요?

이혼소송을 위한 변호사 선임료는 대략 500만 원에서 시작하는 편입니다. 그러나 반드시 변호사의 도움을 얻어야만 이혼소송을 할 수 있는 것은 아닙니다. 본인이 스스로 준비해서 이혼소송을 진행하면 선임료를 아낄 수 있습니다. 혹은 이혼소송을 제기한 후라고 하더라도 이혼조정이나 가사조사관의 사실조사 과정에서 협의이혼을 하는 경우도 있습니다.

그러나 이혼 관련 법률을 제대로 이해하지 못하는 경우 자칫하면 이길 수 있는 사안에서 패소하는 경우도 있고, 심지어 동일한 이유로 다시 이혼소송을 하지 못하는 문제도 있을 수 있으므로 유의해야 합니다.(이를 기판력이라 합니다.)

변호사를 선임하였을 때 장점은 다음과 같습니다.
① 이혼소송에서 승소할 수 있을지 조언을 받을 수 있다.
② 내가 이혼하려는 이유를 이혼소장과 준비서면 기재방식에

맞게 정리해 준다.

③ 소송비용(송달료, 인지대)이 얼마인지, 어떤 증거를 제출하여야 하는지 도움을 받을 수 있다.

④ 변론기일에 직접 출석하지 않아도 된다.

반면 단점으로는 다음과 같은 것들이 있습니다.

① 변호사가 있더라도 이혼소송에서 승소하여 이혼판결을 얻을 때까지 상당한 기간이 소요된다.

② 부부 사이에 어떤 일이 있었는지는 본인이 가장 잘 알고 있으므로, 결국 본인이 사실관계를 정리하고 증거를 수집해서 변호사에게 전달해 주어야 한다.

③ 반드시 본인이 원하는 결과를 얻는 것은 아니다.

④ 변호사가 있더라도 조정이나 사실조사기일에는 변호사를 대신 내보낼 수 없으므로 본인이 직접 출석해야 한다.

이혼소송 역시 다른 소송과 마찬가지로 용어가 생소하고 절차가 복잡합니다. 그리고 법원은 내가 원하는 바를 정확하게 주장하지 않으면 알아서 판단해 주지 않습니다. 이혼소장과 준비서면을 작성하고 필요한 증거를 적절하게 정리하는 일은 결코 쉽지 않습니다. 이혼소송은 최소한 1년 이상 진행되므로 생업을 제쳐두고 이혼소송에만 매달려 있을 수도 없습니다.

요즘에는 블로그나 법원 사이트를 잘 찾아보면 이혼소송 절차를 상세하게 설명한 자료가 많이 있습니다. 그러나 '본인의 근심 걱정을 전문가에게 떠넘긴다.'는 마음으로 전문가를 활용할 수도 있으므로 사정에 맞게 현명하게 선택하여야 합니다.

이혼을 원치 않는데 상대방이 나를 소송했어요

본인은 이혼할 생각이 없는데 상대방으로부터 이혼소송을 당하면 어떻게 해야 할까요? 매일같이 지지고 볶고 싸우고 성격차이가 심해도 자식들 때문에 혹은 경제적인 이유로 참고 사는 분들이 많을 것입니다. 아무리 그래도 이혼하는 것보다는 낫겠지 하는 생각으로 꾹 참고 살고 있는데, 어느 날 갑자기 법원에서 날아온 이혼소장을 받으면 숨쉬기도 힘들 정도로 기가 막힐 일이지요. 지난 삶이 뇌리를 스쳐가며 말로 표현하기 어려운 충격, 배신감, 당혹스러움으로 당분간 불면의 나날을 지내야 할지도 모릅니다.

그러나 언제까지 속앓이만 하고 있을 수도 없습니다. 직장에도 나가야 하고, 어린 자녀들도 돌봐야 하고, 혹시나 배우자에게 있을지도 모를 불륜 상대 때문에 내 소중한 가정이 깨지도록 두고 볼 수도 없습니다. 이미 이혼소송의 세계에 들어온 이상 정신을 차리고 앞으로 내가 무얼, 어떻게 해야 하는지 알아보고 준비해야 합니다. 따라서 앞에서 언급한 이혼소송에서 이기는 노하우는 이혼소송을 당했을 때도 여전히 적용됩니다.

이혼을 원치 않는 당사자가 상대방이 제기한 이혼소송에 대응할 첫 단계는 이혼소장을 찬찬히 읽어보는 것입니다. 분명 나와 함께 지낸 결혼생활이었는데, 구구절절 거짓말을 늘어놓고, 나와 내 부모를 험담하는 소장을 보고 있노라면 또다시 분노가 치밀어 오를 것입니다. 오랫동안 잊고 지냈던 술, 담배에 다시 손이 갈 수도 있습니다.(필자 역시 거의 5년만에 다시 담배를 피우게 되었습니다.) 그러나 정신을 차리고 각오를 다져야 합니다. "네 뜻대로는 되도록 두지 않겠다." 변호사를 찾아가 상담을 하고 조언도 구해야 합니다.

이혼소장을 받으면 30일 이내에 준비서면(답변서)을 법원에 제출하여야 합니다. 나는 아무런 잘못이 없고 상대방에게만 잘못이 있더라도 답변서를 내지 않으면 내가 유책 배우자가 되는 판결이 나올 수 있으므로 주의하여야 합니다.

그러나 답변서를 내지 않아 판결 선고기일이 지정되었다 하더라도 선고일 전에만 답변서("원고의 청구를 기각한다'라는 판결을 구합니다."라고만 적어도 됩니다.)를 제출하면 이혼판결이 나는 것을 일단 막을 수 있습니다.

답변서에는 구체적인 내용을 적어야 합니다. 대략 '원고는 이러이러하다고 주장하나 이는 사실과 다릅니다. 사실은 이러이러하였고, 심지어 피고는 원고의 마음을 돌리고자 이렇게까지 하였습니다. 원고와 피고의 다툼이 심각해진 책임은 오히려 원고에게 있습니다.'라는 내용을 바탕으로 이야기하듯 답변서를 쓰면 됩니다.

내가 소송을 제기하였든 상대방이 제기하였든 간에, 소송에서 이기려면 증거를 확보해야 합니다. 나에게 유리한 증거는 모으고, 불리한 증거가 있다면 합리적인 해명을 준비해야 합니다. 상대방이 오해하고 있는 부분이 있으면 사실은 이런 것이라고 법원을 설득할 수 있어야 합니다.

내 뜻과 무관하게 상대방이 이혼소송을 시작하였다 하더라도, 나 역시 이 진흙탕 싸움의 당사자가 된 이상 마음대로 빠져나갈 수 없습니다. 변호사를 선임하였다 하더라도 법원이 정한 가사조사관의 사실조사기일, 조정기일에는 당사자가 출석하여야 합니다. 간혹 법원에서 당사자에게 출석하라고 명하는 경우 이에 따라야 합니다.

아무리 생각해도 본인은 피해자일 뿐, 결혼생활이 파탄 나게 된 결정적인 책임은 상대방에게 있는 것처럼 보여도, 법원은 다르게 판단할 수 있습니다. 경우에 따라서는 법원이 유책 배우자인 상대방의 이혼청구를 받아주기 때문입니다. 따라서 재산분할에 대비하여, 결혼 전 내가 갖고 있었던 재산과 결혼 후에 취득한 재산은 각각 어떤 것이 있는지 알아두어야 합니다. 내 명의로 된 재산이라도 결혼 후에 취득하였다면 분할 대상이 될 수 있습니다.

미성년 자녀에 대한 양육권을 서로 가지려고 하는 경우가 대부분이나, 가슴 아픈 일이지만 자녀에게 장애가 있는 경우 등에는 양육권을 서로 상대방에게 떠넘기려고 하기도 합니다. 자녀 양육에 관한 사항은 당사자의 협의에 따라 정하는 것이 원칙이지만 협의가 이루어지지 않거나 협의에 따를 때 오히려 자녀에게 불이익한 경우 법원이 정해 주기도 합니다.

자녀 양육권을 가진 당사자는 상대방에 양육비를 청구할 수 있고, 반대로 양육권이 없는 당사자는 규칙적으로 자녀를 만날 수 있는 면접교섭권을 갖게 됩니다. 만 20세까지 자녀를 양육한다고 보면, 그때까지 양육비가 얼마나 들게 될지, 상대방과 내가 각각 얼마씩 부담하는 것이 좋은지 미리 생각해 두어야 원하는 결과를 얻고, 상대방 주장에 대응할 수 있고, 궁극적으로 내 삶을 주체적으로 살아갈 수 있습니다.

바람을 피운 사람도 이혼소송을 먼저 걸 수 있나요?

유책有責 배우자란 혼인 관계가 파탄 나는 데 주된 책임이 있는 사람을 말합니다. 혼인 관계가 파탄 나도록 만든 장본인이 혼인 관계 파탄을 이유로 이혼을 청구한다? 선뜻 받아들여지지 않지요. 최근 한 대기업 회장이 동거녀와의 사이에 혼외자가 있다는 사실을 공개하면서 배우자를 상대로 이혼을 요구하였다는 뉴스로 한동안 떠들썩했습니다. 최근에는 한 영화감독 역시 여배우와의 연인관계를 인정하면서 배우자를 상대로 이혼소송을 청구했지요.

협의이혼은 이혼하려는 이유나 누구에게 책임이 있는지를 묻지 않기 때문에, 유책 배우자라도 상대방과 이혼하기로 합의하면 이혼이 가능합니다. 그러나 상대방이 이혼에 동의해 주지 않는 경우 이혼하려면 재판상 이혼에 의할 수밖에 없는데, 유책 배우자의 경우에는 원칙적으로 재판상 이혼청구가 받아들여지지 아니하고, 다만 아래와 같이 예외적인 경우에는 재판상 이혼청구가 인정될 수 있습니다.

상대방 배우자도 혼인을 계속할 의사가 없어 일방의 의사에 따른 이혼 내지 축출이혼의 염려가 없는 경우는 물론, 나아가 이혼을 청구하는 배우자의 유책성을 상쇄할 정도로 상대방 배우자 및 자녀에 대한 보호와 배려가 이루어진 경우, 세월의 경과에 따라 혼인 파탄 당시 현저하였던 유책 배우자의 유책성과 상대방 배우자가 받은 정신적 고통이 점차 약화되어 쌍방의 책임의 경중을 엄밀히 따지는 것이 더 이상 무의미할 정도가 된 경우 등과 같이 혼인생활의 파탄에 대한 유책성이 이혼청구를 배척해야 할 정도로 남아 있지 아니한 특별한 사정이 있는 경우에는 예외적으로 유책 배우자의 이혼청구를 허용할 수 있다.(대법원 2015. 9. 15. 선고 전원합의체 판결)

이혼을 인정하는 이유에는 크게 유책주의(배우자가 법에서 정한 유책 사유가 없는 한 이혼은 인정되지 않음)와 파탄주의(배우자의 유책 사유가 없어도 객관적으로 혼인파탄 상태이면 이혼을 인정)가 있는데, 우리나라는 유책주의를 기본으로 하고 있습니다. 따라서 상대방에게 이혼사유가 있어야 재판상 이혼할 수 있지요.

그러나 점차 파탄주의로 변화하고 있다는 분석이 있습니다. 오랜 기간 별거하고 상대방도 혼인관계를 유지하고 싶은 마음은 없지만 상대방이 이혼하고 잘 사는 꼴을 볼 수 없어서 이혼에 응하지 않을 때는 파탄주의에 따라 이혼을 허락해 주기도 합니다.

앞서 예를 든 대기업 회장의 경우 혼인 중 동거녀와 혼외자를 두었으므로, 영화감독의 경우엔 혼인 중 다른 이성과 연인관계를 유지하고 있으므로, 혼인 중 정조의무와 부양의무를 저버린 유책배우자로 보기에 충분합니다.

그러나 한편으로는 부부 사이에 십수 년 동안 별거 중이라고 하고 재벌 회장과 부인임을 감안하면 금전적인 보호에 큰 문제가 없어 보이는 등 사실상 혼인관계가 파탄났다고 볼 여지도 있지요. 과연 법원이 어떤 판단을 내릴지 필자도 궁금합니다.

외국인(또는 외국에 있는 사람)과 소송이혼하고 싶어요

한국인이 외국인과 결혼하여 둘 다 한국에 살고 있는 경우, 한국 법에 따라 한국 법원에서 이혼소송을 할 수 있습니다. 즉 배우자 양쪽 모두 한국인이든 한쪽이 외국인이든 이혼소송에 차이는 없습니다. 한편, 한국인과 외국인 부부 중 한쪽이 외국에 거주하는 경우, (1) 한국인이 한국에 거주하고 외국인이 외국에 거주할 때는 한국 법원에서 한국 법에 따라 이혼할 수 있으나, (2) 외국인이 한국에 거주하고 한국인이 외국에 거주할 때는 '부부와 가장 밀접한 관련이 있는 나라의 법'에 따라 이혼할 수 있습니다.

한국 법원에 소송을 제기하려면 한국 법원이 해당 이혼사건에 관하여 국제재판관할권을 가지고 있어야 합니다. 상대방이 외국에 거주하고 있더라도 한국 법원이 상대방 주소지에 이혼서류를 송달하고, 상대방의 외국 주소를 모르더라도 공시송달로 이혼소송이 진행됩니다.

한국인이 외국 법원에서 이혼 판결을 받았더라도 외국 판결이 국내에서 효력을 인정받고 집행하려면 민사소송법 제217조, 민사집행법 제26조가 정한 요건을 갖추어야 합니다.(예 : 미국 법원에서 이혼 판결을 하면서 한국에 있는 재산을 분할하도록 하는 경우, 미국에서 받은 이혼 및 위자료 판결로 한국에 있는 재산에 강제집행하는 경우.) 외국 법원에서 이혼 판결과 함께 한국에 있는 재산에 대한 분할을 명하였다 하더라도 이 판결로 한국에서 바로 강제집행을 할 수 없고, 한국 법원에서 "집행판결"을 별도로 받아야 합니다.

나라마다 이혼을 할 수 있는 요건도 다르고, 이혼에 따른 재산분할이나 위자료, 양육비 액수도 다를 수 있습니다. 따라서 한국인과 외국인이 각각 자기 나라에 이혼소송을 제기하는 경우도 있습니다.(서울가정법원 2017. 3. 17. 선고 2016르654 판결)

만일 한국 법원과 외국 법원의 판결이 동시에 있다면, 한국인이라면 외국 법원 판결이 부당하고 한국 법원 판결이 유효하다고 주장할 수 있습니다. 이와 달리 외국 법원 판결이 자신에게 더 유리하더라도 한국 법원 판결이 나온 이상 외국 법원 판결을 승인해달라거나 집행해달라고 하더라도 인정되기 어렵습니다.

이혼소송이 길어져서 지쳐요. 협의이혼으로 바꿀 수는 없나요?

'더 이상은 내 인생을 낭비할 수 없다! 나도 이제 새 삶을 찾아야겠다!'

굳게 다짐하더라도, 상대방이 이혼에 응해주지 않으면 결국 이혼소송을 할 수밖에 없습니다. '이혼소송을 해서라도 이혼해야겠다.'고 큰 결심을 했다 하더라도, 당장 이혼소송을 어떻게 해야 할지 막막합니다.

인터넷에 '이혼'을 검색어로 넣어보면 정보는 쏟아져 나오지만 정작 내 이야기를 진지하게 들어줄 변호사는 찾기가 어렵습니다. 우여곡절 끝에 변호사를 선임해서 이혼소장을 접수했다 하더라도 상대방 답변서를 받아 보려면 3개월가량 걸리고, 첫 변론 기일이 정해지려면 5개월 정도가 지나갑니다.

본격적으로 이혼소송을 진행하기도 전에 힘이 쭉 빠집니다. 그 동안 직장 생활하랴, 자녀들 돌보랴, 이혼소송에 필요한 증거(통화내역, 계좌거래내역 등) 모으랴, 몸이 세 개쯤 있었으면 좋겠습니다.

재판이라도 빨리 진행해 주면 좋으련만, 법원은 그리 만만치 않습니다. 조정에 회부해서 조정위원으로부터 잔소리 아닌 잔소리를 들어야 하고, 법원이 정한 날짜에 어렵게 휴가를 내고 자녀를 맡기고 가사조사관을 만나러 가서는 자신이 어떻게 살아왔으며, 그리 나쁜 사람이 아니라고 구구절절 변호해야 합니다.

이럴 때는 이렇게 언제 끝날지 기약도 없는 법원 판결을 마냥 기다릴 것이 아니라, 이혼소송 과정에서 법원이 정해준 조정과 가사조사관 상담 등의 기회를 통하여 협의이혼으로 원만하게 해결하도록 도와달라고 요청하는 것도 좋은 방법입니다.

한 식구로 살아온 사람이지만 이혼할 때는 장사꾼보다 더 철저하게 내 것 네 것을 가려야 합니다. 피 같은 내 재산이 쪼개지는 아픔이지요. 그럴수록 내가 절대 포기할 수 없는 것은 무엇인지, 양보할 수 있는 것과 상대방이 바라는 것은 무엇인지 찬찬히 따져보아야 하고, 나에게 큰 의미가 없다면 과감하게 포기하고 원하는 바를 챙기는 것도 좋은 방법입니다.

그렇게 해서 상대방을 설득하여 협의이혼을 하면, 이미 진행하고 있던 이혼소송은 취하할 수 있습니다. 다만 보통 변호사를 선임하여 이혼소송을 진행하는 경우 '이혼소송을 취하하는 경우 승소한 것으로 본다.'는 특약을 넣는 경우가 있습니다. 이런 경우 이혼소송 도중 협의이혼을 함으로써 상대방으로부터 재산분할 또는 위자료를 많이 받지 못하더라도 변호사에게는 이혼소송에서 승소하였을 때를 기준으로 약정한 성공보수를 주어야 할 문제가 생길 수 있음을 유의해야 합니다.

이혼할 용기

지은이 김민정 • 정단별 • 이정훈
발행일 2018년 3월 30일
펴낸이 양근모
발행처 도서출판 청년정신 ◆ **등록** 1997년 12월 26일 제 10—1531호
주 소 경기도 파주시 문발로 115, 세종출판벤처타운 408호
전 화 031)955—4923 ◆ **팩스** 031)955—4928
카 페 http://cafe.naver.com/youngidea
이메일 pricker@empas.com

이 책은 저작권법에 의해 보호를 받는 저작물이므로
무단 전재 및 무단 복제를 금합니다.